2024年度版

金融業務 **2** 級
資産承継コース

試験問題集

一般社団法人 **金融財政事情研究会**

◇ は じ め に ◇

　本書は、金融業務能力検定「金融業務2級　資産承継コース」を受験される方の学習の利便を図るためにまとめた試験問題集です。

　お客さまの個人の財産（資産）を次世代へと引き継ぐ資産承継に関して、特に相続税や贈与税などの諸制度について、一定程度の知識は有していても、その知識を実例に即して活用することは簡単ではありません。

　高齢化の進展と相続税の課税強化のなかで、お客さまの実状にあわせて、「遺産分割対策・納税資金準備・相続税額の軽減に関する考え方について説明ができる」「相続の手続についてアドバイスができる」知識と実践力の習得は必須です。

　「過去に習得したはずの知識の不足を補うため」「一人ひとりのライフプランに寄り添うため」「お客さまの悩みを分かち合うため」「自分の言葉でお応えするため」、それぞれの目標をクリアするためのスキル習得度を量るため、「金融業務2級　資産承継コース」試験および本書をご活用ください。また、より学習の効果をあげるために、基本教材である通信講座「相続・資産承継に強くなる講座」を受講されることをお勧めします。

　本書を有効にご活用いただき、「金融業務2級　資産承継コース」の試験に合格され、「資産承継アドバイザー」として活躍されることを願ってやみません。

2024年6月

一般社団法人　金融財政事情研究会

検定センター

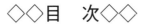

◇◇目　次◇◇

第2章　相続と税金

第3章　贈与と税金

第4章　相続財産の評価

第5章　相続開始後の手続

第6章　総合問題

〈法令基準日について〉

本書は、問題文に特に指示のない限り、2024年7月1日（基準日）現在施行の法令等に基づいて編集しています。（注）

◇CBTとは◇

CBT（Computer-Based Testing）とは、コンピュータを使用して実施する試験の総称で、パソコンに表示された試験問題にマウスやキーボードを使って解答します。金融業務能力検定は、一般社団法人金融財政事情研究会が、株式会社シー・ビー・ティ・ソリューションズの試験システムを利用して実施する試験です。CBTは、受験日時・テストセンター（受験会場）を受験者自らが指定できるとともに、試験終了後、その場で試験結果（合否）を知ることができるなどの特長があります。

本書に訂正等がある場合には、下記ウェブサイトに掲載いたします。
https://www.kinzai.jp/seigo/

〈凡　例〉

・判例の表示

(最判昭45.4.10)
　A　　 B

A…裁判所と裁判の種類を示す。

　最…最高裁判所

　判…判決

B…裁判（言渡）年月日を示す。

C…登載誌およびその登載箇所を示す。

　民集…最高裁判所民事判例集

　金法…金融法務事情

（注）　令和6年度税制改正に伴い、令和6年分所得税について定額による所得税額の特別控除（定額減税）が実施されますが、本問題集では定額減税については考慮しないものとします。

「金融業務2級 資産承継コース」試験概要

　高齢化の進展と相続税の課税強化のなかで、お客さまの実状にあわせて、「遺産分割対策・納税資金準備・相続税額の軽減に関する考え方について説明ができる」「相続の手続きについてアドバイスができる」知識と実践力について検証します。

■受験日・受験予約	通年実施。受験者ご自身が予約した日時・テストセンター（https://cbt-s.com/examinee/testcenter/）で受験していただきます。 受験予約は受験希望日の3日前まで可能ですが、テストセンターにより予約可能な状況は異なります。
■試験の対象者	金融機関の渉外担当者・窓口担当者、生命保険会社・証券会社等の営業担当者 ※受験資格は特にありません
■試験の範囲	1．相続と法律　2．相続と税金 3．贈与と税金　4．相続財産の評価 5．相続開始後の諸手続　6．総合問題
■試験時間	120分　試験開始前に操作方法等の案内があります。
■出題形式	四答択一式30問、総合問題10題
■合格基準	100点満点で70点以上
■受験手数料（税込）	7,700円
■法令基準日	問題文に特に指示のない限り、2024年7月1日現在施行の法令等に基づくものとします^(注)。
■合格発表	試験終了後、その場で合否に係るスコアレポートが手交されます。合格者は、試験日の翌日以降、「資産承継アドバイザー」の認定証をマイページからPDF形式で出力できます。
■持込み品	携帯電話、筆記用具、計算機、参考書および六法等を含め、自席（パソコンブース）への私物の持込みは認められていません。テストセンターに設置されている鍵付きのロッカー等に保管していただきます。メモ用紙・筆記用具はテストセンターで貸し出されます。計算問題については、試験画面上に表示される電卓を利用することができます。

■受験教材等	・本書
	・通信教育講座「相続・資産承継に強くなる講座」
■受験申込の変更・キャンセル	受験申込の変更・キャンセルは、受験日の3日前までマイページより行うことができます。受験日の2日前からは、受験申込の変更・キャンセルはいっさいできません。
■受験可能期間	受験可能期間は、受験申込日の3日後から当初受験申込日の1年後までとなります。受験可能期間中に受験（またはキャンセル）しないと、欠席となります。

（注）　令和6年度税制改正に伴い、令和6年分所得税について定額による所得税の特別控除（定額減税）が実施されますが、本試験では定額減税については考慮しないものとします。

※金融業務能力検定・サステナビリティ検定の最新情報は、一般社団法人金融財政事情研究会のWebサイト（https://www.kinzai.or.jp/kentei/news-kentei）でご確認ください。

第1章

相続と法律

1-1　相続人の範囲と順位①

《問》相続人の範囲と順位に関する次の記述のうち、最も不適切なものは
どれか。

1）被相続人の配偶者は、常に相続人となるが、法律上の配偶者ではな
い内縁関係の夫や妻には相続権はない。

2）第1順位の相続人は、被相続人の子とされているが、被相続人に子
がいない場合は、第2順位の被相続人の兄弟姉妹が相続人となる。

3）被相続人の子が相続開始時に既に死亡しているときは、その子の子
（被相続人の孫）が代襲相続人となる。

4）被相続人の弟が相続人となる場合において、その弟が既に死亡して
いるときは、弟の子（被相続人の甥・姪）が代襲相続人となること
が認められている。

・解説と解答・

1）適切である（民法890条）。

2）不適切である。民法において、相続順位は被相続人の①子、②直系尊属、
③兄弟姉妹となっており（民法887条1項、889条1項）、上位の者がいる
場合、下位の者は相続できない。また、被相続人の配偶者は常に相続人と
なる（同法890条）。したがって、被相続人に配偶者がいるものの子がいな
い場合、配偶者とともに直系尊属が相続人となる。また、被相続人に配偶
者がいるものの子および直系尊属がいない場合には、配偶者とともに兄弟
姉妹が相続人となる。

3）適切である（民法887条2項）。なお、被相続人の子が既に死亡するととも
に、その子（被相続人の孫）も既に死亡している場合は、更にその子（被
相続人のひ孫）が再代襲することになる（同条3項）。

4）適切である。ただし、兄弟姉妹が相続人の場合には再代襲は認められてい
ない（民法889条2項において、887条2項のみが準用され、同条3項は準
用されていない）。

正解　　2）

1－2　相続人の範囲と順位②

《問》相続人の範囲と順位に関する次の記述のうち、最も不適切なものは
どれか。
1）第1順位の相続人である子は、実子であるか養子であるか、また嫡
出子であるか非嫡出子であるかを問わない。
2）相続開始時における胎児は、既に生まれたものとみなされるが、そ
の後、死産となった場合には、相続人とならない。
3）被相続人の配偶者の父母や祖父母（被相続人の義父母や義祖父母）
は、直系尊属に含まれる。
4）被相続人が普通養子縁組をした養子であって、その直系尊属が相続
人になる場合、実父母と養父母はともに同等の立場で相続人となる。

・解説と解答・

1）適切である。養子は養子縁組の日から養親の嫡出子の身分を取得する（民
法809条）。また、非嫡出子の法定相続分を嫡出子の2分の1としていた民
法900条4号ただし書きの規定が、平成25（2013）年改正により削除され
た結果、非嫡出子も嫡出子と同等の法定相続分を有することとなった。
2）適切である。胎児は、相続については、既に生まれたものとみなされる
（民法886条1項）。しかし、胎児が死産の場合は、相続について胎児は、
はじめからいないものとして取り扱われる（同条2項）。
3）不適切である。直系尊属とは、実の父母や祖父母をはじめ、直接の系統で
続いている自分より前の世代の親族をいい、姻族を含まない。
4）適切である。実父母と養父母は同順位で相続人となる。

正解　　3）

1－3　相続の欠格と廃除①

《問》相続の欠格と相続人の廃除に関する次の記述のうち、最も不適切な
ものはどれか。
1）相続人となるべき者が、詐欺や強迫によって、被相続人に遺言書を
書かせたり、遺言書を変更させたりした場合、その者は相続人とな
ることができない。
2）相続人となるべき者が、相続の欠格により相続権を失い、その者に
子がいる場合、その子が代襲相続人となる。
3）相続人となるべき子に著しい非行があった場合、被相続人は家庭裁
判所に申し立てることによって、その子の相続権を失わせることが
できる。
4）相続人となるべき弟に著しい非行があった場合、被相続人は家庭裁
判所に申し立てることによって、弟の相続権を失わせることができ
る。

・解説と解答・

1）適切である。被相続人や先順位・同順位の相続人を殺害、または殺害しよ
うとして刑罰に処せられた場合なども、同様に相続人の資格を失うことに
なる（民法891条）。なお、このような相続欠格事由の場合、特別な手続は
不要である。
2）適切である。欠格や廃除の場合、代襲相続が認められる（民法887条2項）
（欠格者・廃除者の子は、その欠格・廃除の非行とは関係がないため）。
3）適切である。相続欠格とするほどの事由ではないものの、被相続人を虐待
または重大な侮辱を加えた場合や相続人となるべき者（推定相続人）に著
しい非行があった場合には、被相続人は家庭裁判所に申し立てることに
よって、相続権を失わせること（廃除）ができる（民法892条）。
4）不適切である。兄弟姉妹は遺留分が認められていないため（民法1042条1
項）、廃除をする必要がない。遺言を作成すれば足りるからである。民法
においても、廃除の対象を「遺留分を有する推定相続人」に限定している
（同法892条）。

正解　4）

1－4　相続の欠格と廃除②

《問》相続の欠格と相続人の廃除に関する次の記述のうち、最も不適切な
　　ものはどれか。
　1）相続の廃除により相続権を失った場合、その被廃除者に子がいれ
　　　ば、その子が代襲相続人となることができる。
　2）相続人の廃除は、遺言によって被相続人の死後に行うことができる。
　3）相続人となるべき者が、被相続人の遺言書を偽造した場合、被相続
　　　人が家庭裁判所への申立てを行わなくとも、その者は当然相続人と
　　　なることができない。
　4）被相続人が一度行った相続人の廃除は、取り消すことができない。

・解説と解答・

1）適切である（民法887条2項）。
2）適切である。相続人の廃除をしたい場合は、被相続人が家庭裁判所に申立
　　てをし、審判を受ける必要がある（民法892条）が、申立て自体は、被相
　　続人が存命中にする「生前廃除」のほか、死後に遺言執行者が申し立てる
　　よう遺言を遺しておく「遺言廃除」もできる（同法893条）。
3）適切である。遺言書の偽造は相続欠格事由にあたり、欠格事由に該当する
　　者は、特別な手続がなくとも当然に相続人の資格を失うことになる（民法
　　891条5号）。
4）不適切である。被相続人本人が家庭裁判所に請求することで相続人の廃除
　　の決定を取り消すことができる（民法894条1項）。

正解　　4）

1－5 実子(嫡出・認知)、養子(普通養子・特別養子)①

《問》養子等に関する次の記述のうち、最も不適切なものはどれか。
1) 普通養子縁組によって養子になった者は、養親の嫡出子の身分を取得するため、実方の父母との法律上の親子関係は終了する。
2) 姉が妹を普通養子にすることはできるが、妹が年長者である姉を普通養子にすることはできない。
3) 特別養子は、原則として満15歳未満の子を対象としており、特別養子縁組を成立させるためには、家庭裁判所の審判、実親の同意が必要となる。
4) 嫡出子の相続分と嫡出でない子の相続分は、同等である。

・解説と解答・

1) 不適切である。普通養子縁組では、養子縁組以前の親族関係は存続する。他方、特別養子縁組は、原則として、養子と実方の父母およびその血族との親族関係は終了する(民法817条の2第1項)。
2) 適切である。尊属または年長者を養子とすることはできない(民法793条)。
3) 適切である。特別養子縁組は、実親の監護が著しく困難であるとき、あるいは不適当であるとき、その他特別の事情があるときに(民法817条の7)、実親との法律上の親族関係を消滅させ、安定した養親子関係を家庭裁判所が成立させる制度である。特別養子縁組の成立には、家庭裁判所の審判が必要であり(同法817条の2第1項、家事事件手続法39条、別表第1の63項)、その際、原則として実親の同意が必要である(民法817条の6)。
4) 適切である。従前、非嫡出子の相続分を嫡出子の相続分の2分の1とする規定がおかれていたが、この規定は違憲とする最高裁の大法廷決定(最判平25.9.4民集67巻6号1320頁)を受けて削除され、嫡出子と非嫡出子の相続分は等しくなった。

正解 1)

1－6 実子(嫡出・認知)、養子(普通養子・特別養子)②

《問》養子等に関する次の記述のうち、最も適切なものはどれか。
1) 普通養子縁組によって養子になった者は、養親に対する相続権だけでなく、実親に対する相続権も有する。
2) 特別養子は、原則として満18歳未満の子を対象としており、特別養子縁組を成立させるためには、家庭裁判所の審判および実親の同意が必要となる。
3) 相続開始時に胎児であった者は、相続権が認められない。
4) 嫡出でない子の相続分は、嫡出子の2分の1である。

・解説と解答・

1) 適切である。普通養子縁組では、養子縁組以前の親族関係は存続するため、実親に対する相続権も継続する。他方、特別養子縁組は、原則として、養子と実方の父母およびその血族との親族関係は終了するため(民法817条の2第1項)、実親に対する相続権は失われることとなる。

2) 不適切である。特別養子縁組の養子は、原則として、満15歳未満の子を対象としている(民法817条の5第1項)。特別養子縁組は、実親の監護が著しく困難であるとき、あるいは不適当であるとき、その他特別の事情があるときに(同法817条の7)、実親との法律上の親族関係を消滅させ、安定した養親子関係を家庭裁判所が成立させる制度である。特別養子縁組の成立には、家庭裁判所の審判が必要であり(民法817条の2第1項、家事事件手続法39条、別表第1の63項)、その際、原則として実親の同意が必要である(民法817条の6)。

3) 不適切である。出生によって初めて人が権利能力を取得するという原則(民法3条1項)の例外として、胎児であった者は相続権が認められる(同法886条1項)。ただし、胎児が死産したときは、初めから相続人ではなかったことになる(同条2項)。

4) 不適切である。従前、非嫡出子の相続分を嫡出子の相続分の2分の1とする規定がおかれていたが、この規定は違憲とする最高裁の大法廷決定(最判平25.9.4民集67巻6号1320頁)を受けて削除され、嫡出子と非嫡出子の相続分は等しくなった。

<u>正解　1)</u>

1－7　相続分①

《問》次の事例における法定相続分に関する次の記述のうち、最も不適切なものはどれか。

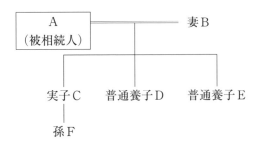

1）妻Bの法定相続分は、2分の1である。
2）実子Cの法定相続分は、6分の1である。
3）普通養子Dの法定相続分は、実子Cの2分の1である。
4）仮に、Aの相続開始時に実子Cが既に死亡している場合、孫Fは、実子Cの法定相続分をそのまま引き継ぎ代襲相続することとなる。

●解説と解答●

　本事例のように、配偶者と子が相続人となるケースでは、配偶者の法定相続分は2分の1、子の法定相続分は2分の1となる（民法900条1号）。子が3人の場合、それぞれの子の法定相続分は1／2×1／3＝6分の1となり（同条4号）、実子と普通養子の相続分は同じである。
1）適切である。
2）適切である。
3）不適切である。実子と養子で、法定相続分に違いはない。
4）適切である。代襲相続人は被代襲者の相続分を引き継ぎ、代襲相続人が複数いる場合は相続分に応じて按分される（民法901条）。

正解　3）

1 － 8　相続分②

《問》次の事例における法定相続分に関する次の記述のうち、最も適切な
ものはどれか。

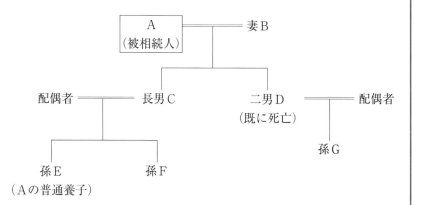

1）妻Bの法定相続分は、3分の2である。
2）長男Cの法定相続分は、4分の1である。
3）孫Eの法定相続分は、6分の1である。
4）孫Gの法定相続分は、8分の1である。

・解説と解答・

　本事例の場合、本来の法定相続人は妻B、長男C、二男D、孫E（Aの普通
養子）であるが、二男Dは既に死亡していることから、代襲相続人である孫G
が二男Dの相続分を引き継ぐことになる（民法887条2項、901条1項）。した
がって、妻Bの法定相続分は2分の1、長男C、孫G（二男Dの代襲相続人）、
孫E（Aの普通養子）の法定相続分はそれぞれ1／2×1／3＝6分の1とな
る（同法900条1号、4号）。
1）不適切である。妻Bの法定相続分は2分の1である。
2）不適切である。長男Cの法定相続分は6分の1である。
3）適切である。
4）不適切である。孫Gは既に死亡している二男Dの代襲相続人として、その
　　相続分を引き継ぐことになるため、孫Gの法定相続分は6分の1である。

正解　　3）

1－9　相続分③

> 《問》相続分に関する次の記述のうち、最も不適切なものはどれか。
> 1）被相続人が遺言によって相続人の相続分を指定している場合、その指定相続分は法定相続分に優先する。
> 2）共同相続人のなかに特別受益者がいる場合、被相続人の遺産から特別受益額を控除した残額を基にして、各相続人の具体的な相続分を計算する。
> 3）共同相続人のなかに寄与分権利者がいる場合、被相続人の遺産から寄与分を控除した残額を基にして、各相続人の具体的な相続分を計算する。
> 4）内縁関係の妻が被相続人に対し特別な寄与をしたとしても、民法上、寄与分を主張することはできない。

●解説と解答●

1）適切である。共同相続人の相続分は、まず、被相続人の意思によって定められる（民法902条1項）。相続分の指定がない場合に、各共同相続人の相続分は民法に定める法定相続分となる（同法900条、901条）。

2）不適切である。被相続人の生前に住宅取得の資金援助を受けた、あるいは開業資金の支援をしてもらったなど、特別の財産上の利益を受けた相続人がいる場合、共同相続人間の公平を図るため、被相続人の遺産（相続開始時における被相続人の財産）の価額に特別受益額を加えた額を基にして、各相続人の相続分を計算したうえ、特別受益を受けた相続人は、その算出された相続分から特別受益の額を控除した残額が具体的な相続分となる（民法903条1項）。なお、どこまでが特別受益に該当するかの判断は難しく、弁護士等の専門家に相談するのが望ましい。

3）適切である。共同相続人のなかに寄与行為を行った者（寄与分権利者）がいる場合、他の相続人との公平を図るため、遺産の分割にあたり、相続開始時の遺産の価額から共同相続人の協議により決定した寄与分の額を控除したものを相続財産とみなし、それを各共同相続人の相続分で分割したうえ、寄与分権利者は、その相続分で分割したものに加えて、前記寄与分の額を受けることができる（民法904条の2第1項）。なお、寄与行為とは、被相続人である父親の事業を手伝っていた、父親の看護等に仕事を辞めて

付き添った等により被相続人の財産の維持または増加について特別の寄与をすることをいう。寄与分を主張するためには、弁護士等の専門家に相談するのが望ましい。

4）適切である。寄与分は共同相続人のみに与えられた権利である（民法904条の2第1項）。また、被相続人の親族（6親等内の血族または3親等内の姻族。ただし、相続人、相続の放棄をした者、欠格事由に該当する者、または廃除により相続権を失った者を除く）が、無償の療養介護などにより被相続人の財産の維持・増加に特別の寄与をした場合は、特別寄与料の主張が認められるが、親族でない内縁関係の者には認められない（同法1050条1項）。

<u>正解</u>　　2）

1−10　相続の承認と放棄①

《問》相続の承認に関する次の記述のうち、最も不適切なものはどれか。

1）単純承認とは、相続人が被相続人の債務を含む財産のすべてを無限定に相続することである。
2）相続開始を知ってから原則として3カ月以内に限定承認または相続放棄の手続をしなかった場合や、相続財産の全部または一部を処分した場合には、単純承認したものとみなされる。
3）限定承認は、資産と債務をともに相続するが、債務の弁済は資産の範囲内に留めることで、資産を超える債務の責任を負わないという相続の方法である。
4）相続人が被相続人の子（兄弟2人）の場合、兄は限定承認をして、弟は単純承認をするといった方法を選択することができる。

・解説と解答・

相続が開始した場合、相続人は次の3つのうちのいずれかを選択できる。
①相続人が被相続人の土地の所有権等の権利や借金等の義務をすべて受け継ぐ「単純承認」
②相続人が被相続人の権利や義務を一切受け継がず、初めから相続人とならない「相続放棄」
③被相続人の債務がどの程度あるか不明であり、財産が残る可能性もある場合等に、相続人が相続によって得た財産の限度で被相続人の債務の負担を受け継ぐ「限定承認」

1）適切である（民法920条）。
2）適切である（民法921条1号、2号、915条1項本文）。ただし、3カ月の申述期間は、利害関係人または検察官の請求によって、家庭裁判所において伸長することができる（同法915条1項ただし書）。
3）適切である（民法922条）。
4）不適切である。限定承認をするためには、相続人全員が共同して（民法923条）、相続開始を知った時から原則3カ月以内に家庭裁判所に申述しなければならない。

正解　4）

1 − 11　相続の承認と放棄②

《問》相続の放棄に関する次の記述のうち、最も不適切なものはどれか。

1) 相続開始前に相続の放棄を行うためには、その旨を申し立て、家庭裁判所の許可を受ける必要がある。
2) 相続の放棄は、限定承認の場合と異なり、各相続人が単独で行うことができる。
3) 相続の放棄をした者がいる場合、その相続人は初めから相続人とならなかったものとして扱われ、その者を除外して相続人の範囲や順位、法定相続分が決まる。
4) 契約者（＝保険料負担者）および被保険者を被相続人とする終身保険契約の死亡保険金受取人となっている相続人が相続の放棄をした場合、その者が受け取る死亡保険金については、死亡保険金の非課税金額の規定の適用を受けることができない。

・解説と解答・

1) 不適切である。相続の放棄は、相続開始を知った時から 3 カ月以内に家庭裁判所に対してその旨の申述をしなければならない（民法915条 1 項本文）。また、相続の放棄を相続開始前に行うことはできない。

2) 適切である。

3) 適切である。相続の放棄をした者は、初めから相続人とならなかったものとみなされることから（民法939条）、被相続人の資産・債務をまったく引き継がない。なお、単に相続財産を取得しなかったということは、一般的に相続放棄のように見えるが、法律上は遺産分割において取得分をなしとした結果であり、相続の放棄には当たらない。この場合、実際に何も取得しなかった相続人に対して、債権者から被相続人の債務の弁済を請求されたら、対抗することができない点に注意しなければならない。

4) 適切である。相続の放棄は、被相続人の相続財産の相続権がなくなることであり、死亡保険金の受取りには何ら影響がない。ただし、相続放棄をした者は、初めから相続人とならなかったものとみなされることから（民法939条）、「500万円×法定相続人の数」で計算される死亡保険金の非課税金額の規定の適用を受けることができない。

<u>正解　　1)</u>

1－12　遺産分割

《問》遺産分割に関する次の記述のうち、最も適切なものはどれか。
1）被相続人は、遺言によって、相続開始の時から10年間、遺産の分割を禁ずることができる。
2）遺産分割の協議により共同相続人全員が合意をした内容について、公正証書によって遺産分割協議書を作成しなければ、その遺産分割協議は有効に成立しない。
3）遺産分割調停は、共同相続人や包括受遺者等が、他の相続人全員を相手方として申し立てるものである。
4）遺産分割調停が不成立になった場合に、遺産の評価、特別受益、寄与分等、相続人間で争われている点について、裁判所が証拠に基づき審判を下し、遺産分割方法を指定することを指定分割という。

・解説と解答・

1）不適切である。被相続人は遺言により遺産分割を禁止することができるが、遺産分割を禁止できる期間は、相続開始の時から5年以内である（民法908条）。
2）不適切である。遺産分割協議は、共同相続人の合意によって成立するため、口頭でも無効ではない。合意が成立したことの証拠資料とするためなどの観点から、一般的には遺産分割協議書を作成するのが通常であるが、公正証書に限るものではない。
3）適切である。遺産分割協議は相続人（包括受遺者を含む）全員で行う必要があり（民法907条1項、990条）、共同相続人間に協議が調わないとき、または協議をすることができないときは家庭裁判所への請求により遺産分割調停を行うことができる（同法907条2項）。なお、調停が不成立となった場合、審判手続が開始され（家事事件手続法244条、272条4項、別表第2の12項、39条）、審判により指定された方法で分割することになる。
4）不適切である。裁判所が証拠に基づき審判を下し、遺産分割方法を指定することを審判分割という。指定分割とは、被相続人の遺言書の指定どおりに遺産を分割する方法をいう。

正解　3）

1－13　遺産分割の方法①

《問》遺産分割の方法に関する次の記述のうち、最も不適切なものはどれか。

1）被相続人は、遺言で遺産の分割方法を指定することができ、相続人は遺言による分割方法の定めなどがあれば、これに従うことになる。
2）被相続人の遺言がない場合、共同相続人全員による協議により、被相続人の遺産を分割することになるが、共同相続人全員が合意すれば、法定相続分どおりに分割する必要はない。
3）共同相続人間における遺産分割協議が調わない場合や協議ができない場合は、家庭裁判所の調停に先立って、審判による遺産分割を申し立てなければならない。
4）共同相続人全員の協議により分割する協議分割は、被相続人が遺言で禁じた場合を除き、相続人全員の合意があれば、遺言による分割方法の指定に従わないことも実際上可能であるため、仮に遺言があったとしても協議の結果に基づき遺産分割することができる。

・解説と解答・

1）適切である。遺産の分割方法の指定は、遺産の全部あるいは一部について行うことができる（民法908条）。
2）適切である。協議分割では、法定相続分によらずに相続人の1人がすべてを相続することも可能である（民法906条、907条1項）。
3）不適切である。家事調停を行うことができる事件について訴えを提起しようとする場合には調停前置主義が及ぶが（家事事件手続法257条1項）、遺産分割事件を含む家事審判を行うことができる事件については、調停と審判の申立てに先後の決まりはなく、調停で成立しそうにない場合は審判を申し立てることも可能である。ただし、実務上は共同相続人間における遺産分割協議が調わない場合には、まず調停の申立てを行って、各相続人の意見調整をする。この調停が不成立となったら、審判手続が開始され、審判により指定された方法で分割することになる（同法274条1項、272条4項、別表第2の12項、39条）。
4）適切である。法律的には被相続人の意思が表明されている遺言の内容が優先するが、実際上、相続人全員の合意があれば、その遺言に記載された分

割方法によらず、相続人の合意する内容での遺産分割ができてしまう。

<u>正解</u>　3)

1－14　遺産分割の方法②

《問》遺産分割の方法に関する次の記述のうち、最も適切なものはどれか。

1）代償分割により、被相続人の遺産を取得した者が他の相続人に対して代償として上場株式を交付した場合、その財産を時価で譲渡したものとみなされるため、取得価額よりも時価が高ければ、譲渡所得が発生し、交付した者に所得税が課せられる。

2）被相続人名義の土地1区画を3つに分割し、3人の相続人がそれぞれを相続する方法は、換価分割に該当する。

3）代償分割により、特定の相続人から他の相続人が取得した代償財産は、被相続人からの相続により取得した財産ではないため、贈与税の課税対象となる。

4）代償分割は、現物分割を困難とする事由がある場合に、相続人全員が共同して家庭裁判所に申し立てて行わなければならない。

・解説と解答・

1）適切である（所得税基本通達33－1の5）。

2）不適切である。本肢は現物分割に該当する。換価分割とは、相続により取得した財産の全部または一部を売却処分し、その代金を分割する方法である。

3）不適切である。代償分割により、特定の相続人から他の相続人が取得した代償財産は、被相続人から相続により取得した財産とみなされるため、相続税の課税対象となる（国税庁タックスアンサーNo.4173）。

4）不適切である。家庭裁判所への申立ては不要であり、相続人間での遺産分割協議においても代償分割は可能である。

正解　1）

1－15　遺産分割の方法③

《問》遺産分割の方法に関する次の記述のうち、最も不適切なものはどれ
か。
1）現物分割とは、個々の遺産をそのまま各相続人に分割する方法であ
り、第一に検討される分割方法である。
2）換価分割とは、現物分割が難しい場合など、共同相続人が相続に
よって取得した財産の全部または一部を金銭に換価し、その換価代
金を分割する方法である。
3）代償分割とは、共同相続人のうち、特定の者が被相続人の遺産を取
得し、その者が他の相続人に代償として資産を交付する方法である。
4）代償分割で交付する資産は、交付する者が相続開始前から自己で保
有する現金に限られる。

・解説と解答・

1）適切である。遺産分割の方法として、現物分割、代償分割、換価分割、共
有分割の4種類があり、家庭裁判所においては、どの分割方法を採用する
かについて、民法906条に基づく広い裁量権を有しているが、現物分割が
第一に検討される分割方法となる。
2）適切である。
3）適切である。
4）不適切である。他の相続人に代償交付される資産は、その交付する者が相
続によって取得した物であるか否かを問わず、また、その資産の種類を問
わない。また、例えば、上場株式を代償交付財産とした場合、その財産を
時価で譲渡したものとみなされるため、取得価額よりも時価が高ければ、
譲渡所得が発生し、交付した者に譲渡所得税が課せられることになる（所
得税基本通達33－1の5）。

正解　4）

1 −16　債務の承継と遺産分割

《問》債務の承継に関する次の記述のうち、最も不適切なものはどれか。
1) 被相続人の銀行借入金は、各相続人が法定相続分に応じて承継することとなる。
2) 被相続人の銀行借入金について、「特定の相続人が承継する」と共同相続人の遺産分割協議により決定した場合、その借入金を承継しない相続人は、この決定について銀行の同意が得られなかったとしても、借入金の返済を免れる。
3) 被相続人が銀行借入金の保証人となっていた場合、その保証債務は、各相続人が法定相続分に応じて承継する。
4) 被相続人が支払うべき未納の国税・地方税は、相続の放棄をしない限り、相続人が納付義務を承継する。

・解説と解答・

1) 適切である。
2) 不適切である。遺産分割は積極財産を相続人間に分割するものであるが、債務についても遺産分割協議書において、相続人間でその帰属を決める場合がある。例えば、銀行借入金のすべてを特定の相続人が相続することを共同相続人による遺産分割協議で決定した場合、その決定は共同相続人間では有効であるが、債権者である銀行が同意しない限り、銀行に対しては有効とならず、その場合は、その他の相続人も、銀行借入金についてその法定相続分に応じた額の返済を免れることができない。つまり、特定の相続人だけが債務を承継する場合は、債権者である銀行から免責的債務引受についての承諾を得て（民法472条 3 項）、債務者の名義を変更する必要がある。
3) 適切である。
4) 適切である。共同相続の場合、各相続人は法定相続分に分割した納税義務を承継する。

正解　2)

1－17　遺言の方式、要件①

> 《問》遺言に関する次の記述のうち、最も適切なものはどれか。
> 1 ）遺言は、未成年者であってもだれでも行うことができるが、18歳に
> 　　達するまでに遺言を行う場合は、法定代理人の同意が必要である。
> 2 ）遺言は、法律で厳格な方式が定められており、この方式に従ってい
> 　　ないものは、遺言としての効力はない。
> 3 ）遺言できる事項は法律で定められており、それ以外の事項を遺言書
> 　　に記載することはできない。
> 4 ）特定の相続人の遺留分を侵害するような遺言は、無効となる。

・解説と解答・

1 ）不適切である。遺言は、満15歳以上であって、意思能力があればだれでも
　　行うことができる（民法961条、 3 条の 2 ）。未成年者の法律行為について
　　は、法定代理人の同意が必要であるが、遺言については、同意は必要な
　　い。
2 ）適切である。遺言には、普通方式の遺言と特別方式の遺言があるが、普通
　　方式の遺言として自筆証書遺言、公正証書遺言、秘密証書遺言の 3 方式が
　　あり（民法967条）、特別方式の遺言として死亡危急者遺言、伝染病隔離者
　　遺言、在船者遺言、船舶遭難者遺言の 4 方式がある（同法976〜979条）。
　　それぞれに定められた方式に基づいた遺言がなされなければ、その遺言は
　　無効となる。
3 ）不適切である。法律で定められている事項以外を遺言に記載することはで
　　きる。ただし、法的な拘束力はない。なお、遺言できる主な事項は以下の
　　とおりであり、①、⑥、⑦（寄付行為）は生前でも行うことができる。
　　①認知
　　②未成年者の後見人の指定、後見監督人の指定
　　③相続分の指定または指定の委託
　　④遺産分割方法の指定または指定の委託
　　⑤遺産分割の禁止
　　⑥相続人の廃除およびその取消
　　⑦遺贈と寄付行為
　　⑧遺言執行者の指定または指定の委託

4) 不適切である。遺留分を侵害するような遺言であっても、無効とはならない。ただし、相続開始後に、その遺留分を侵害された遺留分権利者は、受遺者または受贈者に対し、遺留分侵害額の請求をすることができる（民法1046条 1 項）。

正解　　2)

1－18　遺言の方式、要件②

《問》自筆証書遺言に関する次の記述のうち、最も適切なものはどれか。
1）自筆証書遺言は、遺言者が、その全文、日付および氏名のすべてを自書し、これに押印する方式で作成されるものであるが、添付する財産目録については、パソコンで作成することができる。
2）相続人が自筆証書遺言を発見し、家庭裁判所の検認を受ける前に開封した場合、その遺言は無効となる。
3）自筆証書遺言を作成する場合、証人2人以上の立会いが必要となるが、遺言者の推定相続人は、この証人になることはできない。
4）自筆証書遺言を有効に作成するためには、遺言者が遺言書を作成後、これを封じて封印し、公証人と証人が署名、押印することを要する。

・解説と解答・

1）適切である（民法968条1項、2項）。なお、全文をパソコンで作成したもの、ボイスレコーダーへ録音したものや、ビデオに録画したものは遺言として認められない。
2）不適切である。自筆証書遺言は、相続開始後には家庭裁判所による検認の手続が必要となる（民法1004条1項）。遺言書を提出することを怠り、その検認を経ないで遺言を執行し、または家庭裁判所外で開封をした者は、5万円以下の過料に処せられる（同法1005条）。ただし、検認の手続は、遺言書の形式や態様を確認し、検認時点における遺言書の状態を確認して保存するという検証手続であり、遺言の効力とは関係ない。
3）不適切である。自筆証書遺言の作成にあたって、証人は不要である。
4）不適切である。本肢は、秘密証書遺言の作成に関する文章である（民法970条1項）。自筆証書遺言は、原則として遺言者がその全文、日付および氏名のすべてを自書し（ただし、財産目録はパソコンで作成してもよい）、これに押印する方式で作成されるものであり、公証人・証人は不要である。自筆証書遺言は簡単に作成できるが、形式不備による無効、遺言書の紛失、他人による変造・破棄等のおそれがある。

正解　1）

1 － 19　遺言の方式、要件③

> 《問》公正証書遺言に関する次の記述のうち、最も不適切なものはどれか。
> 1 ）公正証書遺言を作成する場合、証人 2 人以上の立会いが必要となる
> 　　が、遺言者の推定相続人は、この証人になることはできない。
> 2 ）公正証書遺言は、原本が公証役場に保管されるため、紛失・変造の
> 　　リスクがなく、形式不備等の心配もないことから、安全・確実な遺
> 　　言の方式といえる。
> 3 ）公正証書遺言に記載する財産のなかに不動産がある場合、公正証書
> 　　遺言作成に際して、登記事項証明書および固定資産評価証明書また
> 　　は固定資産税・都市計画税納税通知書中の課税明細書が必要となる。
> 4 ）公正証書遺言を作成する場合の手数料は、遺言の目的たる財産の価
> 　　額の多寡にかかわらず、定額である。

・解説と解答・

1 ）適切である。証人 2 人以上の立会いが必要となるが（民法969条 1 項 1
　　号）、推定相続人、受遺者、これらの配偶者および直系血族は、証人にな
　　ることができない（同法974条 2 号）。推定相続人が配偶者・子の場合、子
　　の配偶者や孫も証人になることができないが、兄弟姉妹は証人になること
　　ができる。
2 ）適切である。
3 ）適切である。公正証書遺言作成に際しては、遺言の対象となる不動産の記
　　載を誤らないために、公証人は登記事項証明書の提出を求める。また、公
　　証人の手数料は、公証人手数料令によって、その目的物の価額に応じて定
　　められていることから、その目的物の価額を確定するために、固定資産の
　　評価額が必要とされる。
4 ）不適切である。公正証書遺言の作成する場合の手数料は、遺言の目的たる
　　財産の価額の多寡に応じて、その額が定められている（公証人手数料令 9
　　条、19条）。例えば、相続人あるいは受遺者が 1 名で、その者に財産の価
　　額が5,000万円超 1 億円以下の財産を相続させる、あるいは遺贈する遺言
　　書の場合、手数料は54,000円となる。なお、別途、公正証書遺言の正本と
　　謄本を交付して貰うための費用として、正本、謄本それぞれについて、 1
　　頁につき250円がかかる（同令40条）。　　　　　　　　　　**正解　　4 ）**

1－20　遺言の効力、撤回

《問》遺言に関する次の記述のうち、最も不適切なものはどれか。

1）遺言が2通以上あった場合、遺言の内容に抵触する相違部分がある
　　ときは、日付の新しい遺言で前の遺言を撤回したものとみなされる。

2）遺言者が公正証書遺言を作成した後に、その遺言を自筆証書遺言に
　　より撤回することはできない。

3）遺言者が、遺言をした後に、遺言の内容に抵触する財産の生前処分
　　を行った場合、その抵触した部分については、遺言を撤回したもの
　　とみなされる。

4）公正証書遺言は、その原本が公証役場に保管されているため、遺言
　　者が正本を破棄しても撤回の効力は生じない。

・解説と解答・

1）適切である（民法1023条1項）。

2）不適切である。遺言の撤回は遺言の方式で行う必要があるが（民法1022
　　条）、先に作成した遺言と同じ方式である必要はない。

3）適切である。遺言をした後に、その内容と抵触する生前処分その他の法律
　　行為をした場合、抵触した部分は遺言を撤回したものとみなされる（民法
　　1023条2項）。

4）適切である（公証人法施行規則27条1項1号）。

正解　　2）

1－21　遺贈

> 《問》遺贈に関する次の記述のうち、最も適切なものはどれか。
> 1）遺贈とは、遺言によって財産を相続人以外の者に贈与することであり、財産を受ける者に贈与税が課せられる。
> 2）遺言者（被相続人）が死亡した時に受遺者が生存していない場合は、その受遺者に対する遺贈は効力を生じない。
> 3）特定遺贈とは、遺言者（被相続人）が「Aに遺産の3分の1を遺贈する」というように、遺産の一定割合を贈与することである。
> 4）包括遺贈または特定遺贈のいずれの場合であっても、受遺者は遺贈の放棄をすることができない。

・解説と解答・

1）不適切である。遺言により財産を処分することを遺贈といい（民法964条）、財産を与えられた人を受遺者という。受遺者は相続人以外の者に限定される訳ではなく、自然人でも法人でもなりうる。受遺者が取得した財産については、相続税が課せられる（相続税法1条の3第1項1号本文）。

2）適切である。遺言者の死亡以前に受遺者が死亡したときは、その効力は生じない（民法994条1項）。

3）不適切である。本肢は、包括遺贈の説明である。特定遺贈とは、「○○に○○の不動産を遺贈する」というように、特定の財産を指定して贈与するものである（民法964条）。

4）不適切である。贈与が贈与者と受遺者との合意による契約であるのに対し、遺贈は遺言者の一方的な意思表示である。このため、受遺者は遺言者の死亡後、遺贈の放棄ができる。特定遺贈は、家庭裁判所への申述を要せず、いつでも放棄をすることができる（民法986条1項）。包括遺贈は、受遺者が相続人と同一に扱われるため（同法990条）、自己のために包括遺贈があったことを知った時から3カ月以内に、家庭裁判所に放棄する旨を申述することで、放棄をすることができる（同法915条1項）。

正解　2）

1−22　遺言の執行

《問》遺言の執行に関する次の記述のうち、最も不適切なものはどれか。

1）遺言執行者に就任した者は、財産目録を作成して、これを相続人に交付しなければならない。
2）遺言執行者がいる場合、相続人は自由に相続財産を処分することはできない。
3）信託銀行が遺言執行者に指定されている場合、信託銀行は執行対象財産を保全するために、遺言書に記載されている金融機関に連絡をして、支払停止措置を行う。
4）金融機関が遺産整理受任者となる場合、金融機関は被相続人の個々の財産について、具体的な財産評価額を算定し、相続税の申告および納付の手続を行う。

・解説と解答・

1）適切である。遺言執行者に就任した者は、遺言書に記載されている財産（遺言の内容を実現するために管理すべき相続財産）の調査を行い、遺言執行対象の相続財産目録を作成し、相続人に交付する（民法1011条1項）。
2）適切である。相続人の行った遺言の執行を妨げる行為は無効であるものの、その無効は善意の第三者には対抗できない（民法1013条2項）。したがって、相続人といえども相続財産の処分が遺言の執行を妨げるものであるときは、それをすることは許されない（同条1項）。
3）適切である。遺言信託の契約を締結すれば、遺言の作成、遺言書の保管、遺言の執行などの手続を信託銀行に委ねることができる。
4）不適切である。遺産整理受任者は、相続人からの委任に基づいて相続関係の事務を行う者であるが、その受任の範囲は個々の契約によって決まることとなる。ただ、その契約によって受任範囲と定められた事項についても、各士業者の行うべき事務として法律に定められている事務について、受任者として行うことはできない。例えば、相続税の申告についても、税理士法では、「税理士または税理士法人でない者は、個別具体的な税務相談、税務書類の作成、税務代理行為のほかこれらの付随業務は、営利目的の有償無償を問わず行ってはならない」と規定していることから、金融機関が相続人の代理人として申告手続を行うことはできない。

正解　4）

1－23 遺留分①

《問》遺留分に関する次の記述のうち、最も不適切なものはどれか。
1) 遺留分は、配偶者、子（代襲相続人を含む）および直系尊属には認められているが、兄弟姉妹には認められていない。
2) 遺留分算定の基礎となる財産は、被相続人が相続開始の時に有していた財産の価額に、一定の贈与財産を加算し、債務の全額を控除して算定する。
3) 遺留分算定の基礎となる財産の価額が2億円で、相続人が配偶者と子の計2人である場合、子の遺留分の金額は5,000万円となる。
4) 相続開始前に遺留分の放棄をするためには、所轄税務署長の許可を受けなければならない。

・解説と解答・

1) 適切である（民法1042条1項）。
2) 適切である。一定の贈与財産とは、原則として相続開始前1年以内の贈与財産である。ただし、相続人に対する贈与は、相続開始前10年間にされたもの（婚姻もしくは養子縁組のためまたは生計の資本として受けたものに限る）も対象となる（民法1043条1項、1044条）。
3) 適切である。配偶者および子が相続人となる場合（直系尊属のみが相続人となる以外の場合）、総体的遺留分（相続人全体に認められる遺留分）の割合は相続財産の2分の1である（民法1042条1項2号）。したがって、個別的遺留分（各相続人に認められる遺留分）の割合は、配偶者および子について、それぞれ1／2（遺留分）×1／2（法定相続分）＝4分の1となり、子の遺留分の金額は2億円×1／4＝5,000万円となる。
4) 不適切である。家庭裁判所の許可を受けなければならない（民法1049条1項）。なお、相続開始後であれば、その旨を意思表示することにより、遺留分を放棄することができ、また、遺留分侵害額の請求を、遺留分権利者が相続の開始および遺留分を侵害する贈与等があったことを知った時から1年間行使しない場合、その請求権が時効によって消滅する。

正解 4)

1－24　遺留分②

《問》遺留分に関する次の記述のうち、最も適切なものはどれか。
1) 遺留分算定の基礎となる財産の価額が3億円で、相続人が配偶者、父および母の計3人である場合、父の遺留分の金額は2,500万円となる。
2) 遺留分算定の基礎となる財産の価額は、原則として、相続開始時の相続税評価額により算定される。
3) 遺留分侵害額請求権は、遺留分権利者が相続の開始があったことを知った日の翌日から3カ月以内に行使しないときは、時効によって消滅する。
4) 遺留分算定の基礎となる財産の価額が3億円で、相続人が被相続人の父と母の計2人である場合、父の遺留分の金額は7,500万円となる。

・解説と解答・

1) 適切である。配偶者および直系尊属が相続人となる場合（直系尊属のみが相続人となる以外の場合）、総体的遺留分の割合は相続財産の2分の1である（民法1042条1項2号）。したがって、個別的遺留分の割合は、配偶者について、1／2（遺留）×2／3（法定相続分）＝3分の1、父および母について、それぞれ1／2（遺留）×（1／3×1／2）（法定相続分）＝12分の1となり、父の遺留分の金額は3億円×1／12＝2,500万円となる。
2) 不適切である。遺留分算定の基礎となる財産の価額は、相続開始時の「時価」であり、不動産については実際の取引価格となる。なお、実際の取引価格を算定するために、最終的には不動産鑑定が必要となる。
3) 不適切である。遺留分侵害額請求権は、相続の開始および遺留分を侵害する贈与、遺贈があったことを知った時から1年以内に行使しなければ、時効によって消滅し、また、これを知らなくても、相続開始の時から10年を経過すれば、除斥期間の経過により消滅する（民法1048条）。
4) 不適切である。直系尊属のみが相続人となる場合、総体的遺留分の割合は相続財産の3分の1である（民法1042条1項1号）。したがって、個別的遺留分の割合は、父および母について、それぞれ1／3（遺留分）×1／

2（法定相続分）＝6分の1となり、父の遺留分の金額は3億円×1／6
＝5,000万円となる。

正解　　1)

1－25　成年後見制度①

《問》成年後見制度に関する次の記述のうち、最も不適切なものはどれか。

1）成年後見制度は、法定後見制度と任意後見制度の2つに大別されるが、法定後見制度は精神上の障害による判断能力の程度に応じて、「後見」「保佐」「補助」の3つの類型に分けられている。

2）法定後見は、本人、配偶者、4親等内の親族、検察官等、あるいは市町村長からの申立てに基づき、家庭裁判所の審判により開始される。

3）家庭裁判所において後見開始の審判がされた場合、後見事項が成年被後見人の戸籍に記載される。

4）成年後見人は、家庭裁判所に報酬付与の審判を申し立てて、その内容が認められれば、成年被後見人の財産のなかから審判で決められた報酬を受け取ることができる。

・解説と解答・

1）適切である（民法7条、11条、15条）。

2）適切である。法定後見制度は、家庭裁判所によって選任された支援者（成年後見人、保佐人または補助人）が、本人（支援を受ける人）の利益を考慮しながら、本人を代理して契約などの法律行為をしたり、本人が自分で法律行為をするときに同意を与えたり、本人の同意を得ないで行った不利益な行為を後から取り消したりすることによって、本人を法律面から支援するものである。なお、市町村長の申立権は、民法ではなく例えば老人福祉法32条や知的障害者福祉法28条等で定められている。

3）不適切である。本人ないし後見人と取引をする者の安全を図るため、後見登記等に関する法律（後見登記法）により、成年後見登記制度という公示制度が創設され、後見事項が後見登記等ファイルに記録されることとなった（後見登記等に関する法律4条1項）。戸籍への記載はこの制度ができる前に用いられた公示方法であり、現在は戸籍への記載はなされない。

4）適切である。成年後見人等に対する報酬は、申立てがあったときに審判で決定される。裁判官が対象期間中の後見等の事務内容、成年後見人等が管理する財産の内容等を考慮して、その裁量により、各事案における適正妥当な金額を算定し、審判を行っている。なお、保佐人、補助人も同様である（民法862条、876条の5第2項、876条の10第1項）。

正解　3）

1－26　成年後見制度②

《問》成年後見制度に関する次の記述のうち、最も不適切なものはどれか。

1）法定後見制度において、家庭裁判所に後見開始の審判の申立てをすることができる者は、本人、配偶者、本人の3親等内の親族に限られる。
2）任意後見制度とは、本人に十分な判断能力があるうちに、あらかじめ選んだ任意後見人に対し、自分の生活、療養看護、財産管理に関する事務について代理権を与える契約を公正証書で締結しておくものである。
3）任意後見契約は、本人の事理弁識能力が低下し、任意後見受任者などが家庭裁判所に対して、任意後見監督人の選任を申し立て、家庭裁判所でその任意後見監督人が選任された時に効力が生じる。
4）後見制度支援信託は、成年被後見人の金銭を信託銀行に信託し、家庭裁判所の指示に基づき、その信託財産のなかから、後見人が管理する預貯金口座に対して日常生活費等の資金を交付する仕組みとなっている。

・解説と解答・

1）不適切である。法定後見は、民法上、本人、配偶者、4親等内の親族、検察官等に申立権が認められている（民法7条、11条、15条）ほか、老人福祉法32条や知的障害福祉法28条等によって、要件が限定されているとはいえ、市町村長にも申立権が認められている。
2）適切である（任意後見契約に関する法律2条1号、3条）。
3）適切である（任意後見契約に関する法律2条1号）。
4）適切である。後見制度支援信託は、被後見人の財産のうち、日常的な支払いのために必要な金銭は預貯金等として後見人が管理し、それ以外の通常使用しない金銭については信託銀行等に信託する仕組みであり、当該信託された金銭から払出しを受ける必要が生じた場合には、後見人からの申出によって家庭裁判所が判断して指示書を発行し、その指示書に基づいて行われることとなる。なお、後見制度支援信託は、成年後見と未成年後見において利用することができるが、保佐、補助および任意後見においては使用できない。

正解　　1）

第 2 章

相続と税金

2－1　相続税の納税義務者

《問》相続税の納税義務者に関する次の記述のうち、最も適切なものはどれか。なお、各選択肢において被相続人は、現在および過去においても、日本国内に住所を有する個人（日本国籍を有する者）であるものとする。

1）日本国内に住所を有する者が相続により取得した財産は、国内財産だけでなく、国外財産についても相続税の課税対象となる。

2）相続人が外国に住所を有している場合、その相続人が取得した相続財産のうち、国外財産については相続税の課税対象とならない。

3）相続人が外国に住所を有し、日本国籍を有していない場合、その相続人が取得した相続財産のうち、国外財産については相続税の課税対象とならない。

4）相続人が外国に住所を有し、日本国籍を有していない場合、その相続人が取得した相続財産は、国内・国外を問わず、すべての財産が相続税の課税対象とならない。

・解説と解答・

　（最も一般的なケースである）被相続人が日本国内に住所を有しており、かつ日本国籍を有する者の場合、相続人が「日本国内に住所を有している」「日本国内に住所を有していない」「日本国籍ではない」のいずれのケースであっても、国内・国外を問わず、すべての相続財産が相続税の課税対象となる。

　なお、被相続人が相続開始時に日本に住所を有していない（10年以内に日本に住所を有していた）者で、日本国籍を有する者であった場合は、相続人が日本国籍を有していないときであっても、国内・国外を問わず、すべての相続財産が相続税の課税対象となる。

1）適切である。なお、相続により財産を取得した個人で、相続財産を取得した時において日本国内に住所を有する者を居住無制限納税義務者という。

2）不適切である。

3）不適切である。

4）不適切である。

正解　　1）

2－2　相続税の課税財産

《問》相続税の課税財産に関する次の記述のうち、最も不適切なものはどれか。

1）被相続人が所有していた財産で、金銭に見積もることができる経済的価値のあるすべてのものが、本来の相続財産として相続税の課税対象となる。

2）契約者（＝保険料負担者）および被保険者が被相続人、死亡保険金受取人が相続人である終身保険契約の死亡保険金は、みなし相続財産として相続税の課税対象となる。

3）相続税の課税価格の計算上、香典返し、初七日、法事その他法会のための費用は、いずれも控除することができる葬式費用には含まれない。

4）2024年に開始した相続によって財産を取得した相続人が被相続人からの贈与について暦年課税を選択している場合、相続開始前7年以内に被相続人から贈与された財産はすべて相続税の課税価格に加算される。

・解説と解答・

1）適切である。現預金、不動産、株式、自動車のほか、立木・果樹、書画・骨とう、（被相続人が個人事業主であれば）事業用の機械なども、相続税の課税対象となる。また、被相続人が購入した不動産で、未登記のものについても、課税の対象となる。

2）適切である。なお、「500万円×法定相続人の数」までは非課税財産となる。死亡退職金、生命保険契約の権利、定期金に関する権利等もみなし相続財産として相続税の課税対象となる。

3）適切である。香典返しや墓地購入費用などは、控除の対象にならない。

4）不適切である。暦年課税を選択している場合、贈与時期が2026年12月31日以前であれば、相続開始前3年間に贈与された財産のみが相続税の課税価格に加算される。

　なお、2023年度税制改正により、2024年1月1日以後の贈与について、暦年課税による生前贈与の加算対象期間が相続開始前7年間に延長されることとなった（改正前は相続開始前3年間）。しかし、加算対象期間は、

段階的に延長されるため、相続開始前3年超が加算対象期間となるケース
は、2027年1月1日以後に相続が発生した場合であり、相続開始前7年間
が加算対象期間となるのは、2031年1月1日以後に相続が発生した場合で
ある（ただし、延長された4年間に贈与を受けた財産の合計額のうち、
100万円までは控除が適用される）。

　また、贈与を受けた財産について、贈与税が既に課せられている場合
は、課せられた贈与税について、算出された相続税額から控除することが
できる。ただし、相続税から控除しきれない贈与税相当額があっても、還
付を受けることはできない。

正解　　4)

2－3　相続税の計算の流れ

《問》相続税の計算の仕組みに関する次の記述のうち、最も不適切なものはどれか。

1）各相続人の課税価格は、相続により取得した預貯金・土地・建物等の「本来の相続財産」だけではなく、死亡保険金等の「みなし相続財産」を加えて計算する。

2）課税価格の合計額よりも遺産に係る基礎控除額が大きい場合、課税遺産総額は算出されない。

3）相続税の総額は、実際の按分割合によって異なる額が算出されるため、納税額が少なくなるような分割案を検討する必要がある。

4）各人の納付税額は、算出相続税額を基に、相続税額の2割加算や税額控除を行ったうえで、実際の納付税額を算出する。

・解説と解答・

1）適切である。

2）適切である。課税価格の合計額が基礎控除額の範囲内であれば、相続税の申告をする必要はない。

3）不適切である。相続税の総額は、課税遺産総額を法定相続人が民法で定める相続分どおりに取得したと仮定した場合の税額を算出するため、原則として、分割方法により相続税の総額が変わることはない。

4）適切である。

正解　3）

2－4　非課税財産①

《問》相続税の非課税財産に関する次の記述のうち、最も不適切なものは
どれか。
1) 被相続人の死亡により相続人に支給される退職手当金は、死亡保険
金と同じく、「500万円×法定相続人の数」を限度として非課税財産
とされる。
2) 退職手当金の支給が、被相続人の死亡後3年経過後に確定した場
合、その死亡退職金は、相続税の課税対象とはならず、受給した者
の一時所得として所得税の課税対象となる。
3) 被相続人の死亡が業務上の死亡である場合、被相続人の死亡により
相続人に支給される弔慰金のうち、被相続人の死亡当時における普
通給与の1年分に相当する金額までは、相続税の課税対象とならな
い。
4) 被相続人の死亡が業務外の死亡である場合、被相続人の死亡により
相続人に支給される弔慰金のうち、被相続人の死亡当時における普
通給与の6カ月分に相当する金額までは、相続税の課税対象となら
ない。

・解説と解答・

　相続税の非課税財産には、以下のようなものがある。
①死亡保険金
②死亡退職金
③弔慰金
④香典、墓所・霊廟・仏具・仏像等
1) 適切である。なお、「法定相続人の数」には、相続の放棄をした相続人も
　　含める。
2) 適切である。被相続人の死亡後3年以内に支給が確定した退職手当金は相
　　続財産とみなされ、相続税の課税対象となるが、以後に支給が確定した退
　　職手当金については受給者の一時所得となり、所得税の課税対象となる。
3) 不適切である。業務上の死亡の場合は、3年分に相当する金額となる。
4) 適切である。

正解　　3)

2 - 5　非課税財産②

《問》相続税の非課税財産に関する次の記述のうち、最も不適切なものは
どれか。

1) 契約者（＝保険料負担者）および被保険者が被相続人である定期保
険契約において、相続人が受け取った死亡保険金は、「500万円×法
定相続人の数」を限度として非課税財産とされる。

2) 契約者（＝保険料負担者）および被保険者が被相続人である終身保
険契約において、相続の放棄をした相続人が死亡保険金を受け取っ
た場合、当該相続人は死亡保険金の非課税金額の規定の適用を受け
ることはできない。

3) 契約者（＝保険料負担者）および被保険者が被相続人である収入保
障保険契約において、相続人が受け取る死亡保険金の分割払いにお
ける年金受給権には、死亡保険金の非課税金額の規定が適用される。

4) 死亡保険金の非課税金額の規定の対象となる死亡保険金を受け取っ
た相続人が複数いる場合、それぞれの死亡保険金について、「500万
円×法定相続人の数」を限度として非課税財産とされる。

・解説と解答・

1) 適切である。なお、「法定相続人の数」には、相続の放棄をした相続人も
含める。また、法定相続人の中に養子がいる場合は、法定相続人の数に含
める養子の数は、被相続人に実子がいるときは1人まで、被相続人に実子
がいないときは2人までとなる。

2) 適切である。相続の放棄をした相続人であっても、死亡保険金を受け取る
ことはできるが、死亡保険金の非課税金額の規定の適用を受けることは認
められていない。

3) 適切である。「500万円×法定相続人の数」に係る非課税金額の規定の適用
は死亡保険金に限られ、生命保険契約に関する権利（財産評価基本通達
214）や定期金に関する権利（相続税法24条）を相続により取得しても当
該規定は適用されない。ただし、収入保障保険等の死亡保険金の分割払い
における年金受給権には、当該規定が適用される。

4) 不適切である。仮に、法定相続人が3人（妻、長男、長女）のとき、3人
の非課税限度額の合計は1,500万円となる。相続人である妻が1,000万円、

長男が3,000万円の死亡保険金を受け取った場合、各人の非課税金額は、受け取った保険金額に基づき、以下のとおりに按分して計算される。

妻　：1,500万円×(1,000万円／4,000万円)＝375万円

長男：1,500万円×(3,000万円／4,000万円)＝1,125万円

正解　4)

2-6　債務控除

《問》債務控除に関する次の記述のうち、最も適切なものはどれか。

1）固定資産税を4期に分けて支払っていた被相続人が、1期分支払終了後に死亡し、相続が開始した場合、2期分から4期分の固定資産税は債務控除の対象となる。

2）相続人が不動産を相続登記するために支払った登録免許税および司法書士への報酬は、債務控除の対象となる。

3）被相続人が生前に購入した墓地の代金で、その相続開始時に未払いであったものは債務控除の対象となる。

4）相続人が被相続人の四十九日の法会を行った場合、この法会費用が被相続人の職業等に照らし、社会通念上相当であると認められる額であれば、債務控除の対象となる。

・解説と解答・

1）適切である。債務控除の対象となる被相続人の債務は、相続開始の際、現に存するもので、かつ確実と認められるものであり、以下のようなものがある。

　・銀行等からの借入金

　・未払金

　・保証債務（主たる債務者が返済不能状態にあり、債務者から返還を受けられる見込みがないときの弁済不能の金額）

　・連帯債務（被相続人の負担すべき金額が明確である場合の負担すべき金額）

　・土地・家屋に係る固定資産税の未納分

　・被相続人の所得税の未納分

　　固定資産税の納税義務者はその年の1月1日の所有者であり、その時点で課税が確定するため、未払分の固定資産税は債務控除の対象となる。

2）不適切である。確定債務ではないため、債務控除の対象とならない。

3）不適切である。香典返し、墓碑および墓地の買入れ費、法会（初七日など）の費用などは葬式費用として取り扱われないため、債務控除の対象とはならない。

4）不適切である。上記3）の解説参照。

正解　　1）

2－7　基礎控除額①

《問》次の事例における、Aさんの遺産に係る基礎控除額として、最も適切なものはどれか。

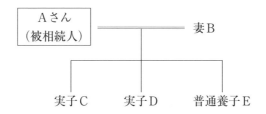

1）4,800万円
2）5,400万円
3）8,000万円
4）9,000万円

●解説と解答●

相続税における遺産に係る基礎控除額は、「3,000万円＋600万円×法定相続人の数」で計算される。「法定相続人の数」に関するポイントは、以下のとおり。

・被相続人に実子がいる場合、法定相続人の数に含まれる普通養子の数は1人までとされる。

・被相続人に実子がいない場合、法定相続人の数に含まれる普通養子の数は2人までとされる。

・相続の放棄をした相続人も数に含める。

・特別養子、被相続人の配偶者の実子で養子となった者は実子とみなされる。

よって、本事例の法定相続人は4人（妻B、実子C、実子D、普通養子E）となり、基礎控除額は、3,000万円＋（600万円×4人）＝5,400万円となる。

なお、これらの制限は「死亡保険金・死亡退職金の非課税金額の規定」「相続税の総額の計算」でも適用される考え方である。

正解　2）

2－8　基礎控除額②

《問》次の事例における、Aさんの遺産に係る基礎控除額として、最も適
切なものはどれか。

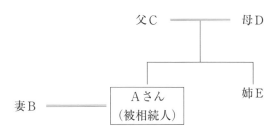

1）3,600万円
2）4,800万円
3）5,400万円
4）8,000万円

・解説と解答・

　子がいない本事例では、配偶者である妻Bと直系尊属の父C、母Dが法定相
続人となる。したがって、基礎控除額は、3,000万円＋（600万円×3人）＝4,800
万円となる。

正解　2）

2-9 相続税額の加算と控除①

《問》相続や遺贈により財産を取得した者で、相続税額の2割加算の対象
とならない者として、最も適切なものはどれか。
1) 被相続人の兄弟姉妹
2) 被相続人の孫（代襲相続人ではない）
3) 被相続人の孫で普通養子となった者
4) 被相続人の孫で代襲相続人となった者

・解説と解答・

　相続や遺贈により財産を取得した者が、その被相続人の一親等の血族および
配偶者でない場合は、その者の相続税額に100分の20に相当する金額が加算さ
れる。つまり、被相続人の二親等である兄弟姉妹、孫は相続税額の2割加算の
対象となる。被相続人の孫を普通養子（いわゆる孫養子）にしたとしても、そ
の者の相続税額は2割加算の対象となる。

　なお、被相続人の子が相続開始前に死亡していた場合、その子の子（被相続
人の孫）が代襲相続人となるが、代襲相続人はこの規定から除かれるため、2
割加算の対象にはならない。

正解　4)

2 −10　相続税額の加算と控除②

《問》相続税の税額控除に関する次の記述のうち、最も不適切なものはどれか。

1 ）相続により財産を取得した者が法定相続人で、かつ18歳未満である場合には、「(18歳 − 相続発生時の未成年者の年齢) × 15万円」の算式で計算された額を未成年者控除額として相続税額から控除することができる。

2 ）相続により財産を取得した者が居住無制限納税義務者である法定相続人で、かつ85歳未満の障害者である場合には、障害者控除の適用を受けることができる。

3 ）被相続人から生前に贈与を受けた財産について相続時精算課税の適用を受けていた相続人は、その相続税額から相続時精算課税の適用を受けた財産に係る贈与税相当額を控除することができる。

4 ） 1 次相続から10年以内に 2 次相続が発生した場合、 2 次相続の被相続人から相続により財産を取得した者の相続税額から 1 次相続で被相続人が納付した相続税額の一定割合を相次相続控除として控除することができる。

・解説と解答・

1 ）不適切である。相続税の未成年者控除額は、「(18歳 − 相続発生時の未成年者の年齢) × 10万円」の算式で計算される。年齢について、 1 年未満の端数がある場合は切り捨てる。

2 ）適切である。相続税の障害者控除額は、「(85歳 − 相続発生時のその者の年齢) × 10万円（特別障害者は20万円）」の算式で計算される。年齢について、 1 年未満の端数がある場合は切り捨てる。

3 ）適切である。相続税額から控除しきれない場合は、税額の還付を受けることができる。

4 ）適切である。

<u>正解　　1 ）</u>

2－11　相続税額の加算と控除③

《問》「配偶者に対する相続税額の軽減の規定」（以下、「本規定」という）に関する次の記述のうち、最も適切なものはどれか。
1）本規定は、配偶者が相続により取得した財産の金額が配偶者の法定相続分相当額と1億6,000万円とのいずれか少ない金額を超えない限り、納付すべき相続税額が算出されないとする規定である。
2）本規定の適用を受けるためには、相続税の申告期限までに相続財産のすべてが分割されていなければならない。
3）本規定の適用を受けるためには、相続開始時において、婚姻期間が20年以上でなければならない。
4）本規定の適用を受けることにより、納付すべき相続税の税額がゼロとなる場合であっても、本規定の適用を受ける旨など、一定の事項を記載した相続税の申告書を提出する必要がある。

・解説と解答・

1）不適切である。相続または遺贈により取得した財産の額が1億6,000万円と配偶者の法定相続分相当額とのいずれか多い金額までであれば、相続税は課せられない。
2）不適切である。本規定の適用対象は、相続税の申告期限までに分割された相続財産であり、相続財産のすべてが分割されていなくとも、分割が決まっている部分については適用対象となる。なお、期限内に分割されなかった財産についても、相続税の申告時に一定の書類を提出することにより、当該財産が相続税の申告期限後3年以内に分割されれば、本規定の適用を受けることができる。
3）不適切である。本規定の適用要件として、婚姻期間の長短は問われない。
4）適切である。

正解　4）

2 −12　相続税額の加算と控除④

《問》「配偶者に対する相続税額の軽減の規定」(以下、「本規定」という)
に関する次の記述のうち、最も不適切なものはどれか。
1) 配偶者が相続により取得した財産の金額が 1 億6,000万円を超える場
合、本規定の適用を受けたとしても、必ず相続税が課せられること
となる。
2) 相続税の申告期限までに分割されていない財産であっても、一定の
書類の提出により相続税の申告期限後 3 年以内に遺産分割により取
得した場合などは、本規定の適用を受けることができる。
3) 本規定の適用において、被相続人と相続人である配偶者の婚姻期間
の長短は問われない。
4) 配偶者が相続を放棄していても、被相続人から遺贈によって財産を
取得している場合には、本規定の適用を受けることができる。

・解説と解答・

1) 不適切である。相続または遺贈により取得した財産の額が 1 億6,000万円
を超えていたとしても、配偶者の法定相続分相当額を超えていなければ
(例えば、課税価格の合計額が 4 億円であり、配偶者が相続により 2 億円
を取得した場合)、相続税は課せられない。
2) 適切である。ただし、相続税の申告時に本規定の適用を受けることができ
なければ、適用前の課税遺産総額を法定相続分に従って相続したものとし
て計算された相続税を納付しなければならなくなるため、未分割の状態は
避けたい。
3) 適切である。
4) 適切である (相続税法基本通達19の 2 − 3)。

正解　　1)

2－13　相続税額等の計算

《問》次の事例におけるAさんの相続において、長男Cさんに係る相続税の課税価格が5,000万円、相続税の課税価格の合計額が2億円であり、法定相続分に従って遺産が分割された場合、長男Cさんの納付すべき相続税額として、最も適切なものはどれか。

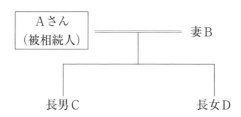

<資料>相続税の速算表（一部抜粋）

法定相続分に応ずる取得金額		税率	控除額
万円超	万円以下		
	～　1,000	10%	－
1,000	～　3,000	15%	50万円
3,000	～　5,000	20%	200万円
5,000	～　10,000	30%	700万円
10,000	～　20,000	40%	1,700万円

1）　　560万円
2）　　675万円
3）　　800万円
4）1,095万円

・解説と解答・

　本事例における法定相続人は、妻B、長男C、長女Dの3人であり、その法定相続分は妻B：2分の1、長男C：1／2×1／2＝4分の1、長女D：1／2×1／2＝4分の1となる。
　したがって、
・遺産に係る基礎控除額：3,000万円＋（600万円×3人）＝4,800万円

・課税遺産総額：2億円 － 4,800万円 ＝ 1億5,200万円
・法定相続分に応ずる各法定相続人の取得金額
　妻B　：1億5,200万円 × 1／2 ＝ 7,600万円
　長男C：1億5,200万円 × 1／4 ＝ 3,800万円
　長女D：1億5,200万円 × 1／4 ＝ 3,800万円
・相続税の総額
　妻B　：7,600万円 × 30% － 700万円 ＝ 1,580万円
　長男C：3,800万円 × 20% － 200万円 ＝ 560万円
　長女D：3,800万円 × 20% － 200万円 ＝ 560万円
　合計　：1,580万円 ＋ 560万円 ＋ 560万円 ＝ 2,700万円
　したがって、
・長男Cの納付すべき相続税額：
　2,700万円 × 5,000万円／2億円 ＝ 675万円

正解　　2)

2−14　相続税の申告①

《問》相続税の申告に関する次の記述のうち、最も適切なものはどれか。
　1）相続税の申告書の提出は、原則として、その相続の開始があったことを知った日の翌日から6カ月以内にしなければならない。
　2）「小規模宅地等についての相続税の課税価格の計算の特例」を適用しないで計算した課税価格の合計額が4,000万円、遺産に係る基礎控除額が4,200万円の場合、相続税の申告をする必要はない。
　3）相続税の申告書の提出先は、原則として、財産を取得した各相続人の住所地を所轄する税務署長である。
　4）死亡保険金の非課税金額の規定の適用を受けるためには、相続税の申告書を提出する必要がある。

● 解説と解答 ●

1）不適切である。6カ月以内ではなく、10カ月以内である。仮に、2024年2月5日に被相続人が死亡した場合、その翌日である2月6日から10カ月目である2024年12月5日が提出期限となる。なお、10カ月目が土曜日、日曜日、祝日などに当たる場合は、これらの日の翌日が期限とみなされる。
2）適切である。
3）不適切である。相続税の申告書の提出先は、被相続人の死亡時の住所地を管轄する税務署長となる。
4）不適切である。本規定の適用は、申告は要件となっていない。死亡保険金の非課税金額の規定や死亡退職金の非課税金額の規定の適用を受けて、非課税金額を控除することにより、課税価格の合計額が基礎控除額を下回るようであれば、相続税の申告は必要ない。

正解　　2）

2 −15 相続税の申告②

《問》相続税の申告に関する次の記述のうち、最も適切なものはどれか。

1) 相続税の申告書の提出期限までに遺産が未分割の場合、民法に規定する相続分の割合に応じて遺産を取得したものとして、各相続人の課税価格等を計算し、相続税の申告および納税をしなければならない。

2) 相続税の申告書の提出後、未分割財産が分割されたことにより、先に申告した相続税額が過大であることが判明したときは、その事由が生じたことを知った日の翌日から3カ月以内に限り、更正の請求をすることができる。

3) 相続税の申告書の提出後、遺留分の減殺請求があったことにより、先に申告した相続税が過大であることが判明したときは、その事由が生じたことを知った日の翌日から3カ月以内に限り、更正の請求をすることができる。

4) 相続税の申告書の提出後、計算の誤りのために課税価格や税額が過大であることが判明したときは、原則として法定申告期限から3カ月以内に限り、更正の請求をすることができる。

・解説と解答・

1) 適切である。

2) 不適切である。一定の事由（遺産が未分割、遺留分の減殺請求があった）が生じたため、前に申告した税額が多すぎることとなったときは、その事由が生じた日の翌日から4カ月以内に更正の請求をすることができる。なお、この場合の更正の請求は、法定申告期限から5年を経過していたとしても、その事由が生じたことを知った日の翌日から4カ月以内であればすることができる。

3) 不適切である。上記2)の解説参照。

4) 不適切である。相続税の申告書の提出後に計算の誤りのために課税価格や税額が過大であることがわかった場合は、原則として法定申告期限から5年以内に限り、減額訂正するための更正の請求をすることができる。

正解 1)

2－16　相続税の納付①

《問》相続税の納付に関する次の記述のうち、最も不適切なものはどれか。
1 ）相続税は、原則として納期限までに現金による一時納付をしなければならないが、それが困難なときは、延納または物納が認められる場合がある。
2 ）期限後申告書を提出した者は、その申告書を提出した日の翌日から3カ月以内に相続税を納付しなければならない。
3 ）無申告加算税・過少申告加算税等の加算税については、税務署からこれらの通知書が発せられた日の翌日から1カ月以内に納付しなければならない。
4 ）相続税を納期限までに納付しなかった場合、遅延した期間に応じて、延滞税を納付しなければならない。

・解説と解答・

1 ）適切である。なお、期限内申告書を提出した者の場合、相続税の納期限は申告書の提出期限となる。
2 ）不適切である。期限後申告書を提出した者は、その申告書を提出した日が納期限となる。
3 ）適切である。税務署長による「更正」「決定」を受けた者は、それらの通知書が発せられた日の翌日から1カ月以内に納付しなければならない。
4 ）適切である。

正解　2 ）

2-17 相続税の納付②

《問》相続税の延納に関する次の記述のうち、最も適切なものはどれか。
1）納付すべき相続税額が100万円を超えなければ、延納は認められない。
2）延納に係る分納税額を納付する際には、利子税を併せて納付しなければならない。
3）相続税の延納期間は、原則として10年以内であるが、相続財産のうち不動産等の価額の占める割合が高いときは、最長30年まで延長することができる。
4）延納税額が250万円以下であれば、担保を提供する必要はない。

・解説と解答・

相続税の延納が認められるためには、以下の①～④の要件をすべて満たす必要がある。
①納付すべき相続税額が10万円を超えること
②納期限（納付すべき日）までに金銭で納付することを困難とする事由があり、その納付を困難とする金額を限度としていること
③担保を提供すること（延納税額100万円以下かつ延納期間3年以内であれば不要）
④延納申請書を提出すること
1）不適切である。納付すべき相続税額が10万円を超えなければ、延納は認められない。
2）適切である。
3）不適切である。延納期間は、原則5年である。相続財産のうちに不動産等の価額の占める割合が75％以上である場合、不動産等の価額に対応する部分の延納税額の延納期間は、原則として、最長20年になる。
4）不適切である。延納税額100万円以下かつ延納期間3年以内であれば担保は不要である。

正解 2）

2－18　相続税の納付③

《問》相続税の物納に関する次の記述のうち、最も不適切なものはどれか。
1）資力の状況の変化等により、延納による納付が困難になった場合、その申告期限から3年以内に限り、分納期限が未到来の税額部分について、延納から物納への変更が認められる。
2）物納に充てることができる財産の種類には申請順位があり、第1順位には国債、地方債、不動産、上場株式などが挙げられる。
3）境界が特定できない土地や権利の帰属について係争中の土地は、管理処分不適格財産として物納が認められない。
4）「小規模宅地等についての相続税の課税価格の計算の特例」の適用を受けた財産を物納する場合の収納価額は、特例適用後の価額となる。

・解説と解答・

相続税の物納が認められるためには、以下の①〜④の要件をすべて満たす必要がある。
　①延納によっても金銭で納付することを困難とする事由があり、その納付を困難とする金額を限度としていること
　②物納申請財産が定められた種類の財産で、定められた順位によっていること
　③物納申請書および物納手続関係書類を期限までに提出していること
　④物納申請財産が物納適格財産であること
1）不適切である。3年ではなく、10年以内である。なお、延納から物納に変更する場合における特定物納申請財産の収納価額は、原則として物納申請時の価額となる。
2）適切である。
3）適切である。国が管理および処分するのに適していない不動産・株式等は物納に充てることができない。国が管理および処分するのに適していない不動産の例としては、「抵当権の目的となっている」「権利の帰属について係争中」「境界が特定できない」「借地権者が明らかでない」等が挙げられる。
4）適切である。収納価額は、原則として、相続税の課税価格の計算の基礎となった財産の価額となる。つまり、特例適用後の価額となる。

正解　　1）

第3章

贈与と税金

3-1 贈与の種類と課税方法

《問》贈与の種類および課税方法に関する次の記述のうち、最も不適切な
ものはどれか。

1) 定期贈与とは、「18歳になるまで毎月10万円ずつ贈与する」など、贈
   与者から受贈者に対する定期の給付を目的とする贈与契約のことで
   ある。
2) 負担付贈与とは、「3,000万円の土地を贈与する代わりに、借入金
   1,500万円を負担させる」など、贈与契約締結の際に受贈者に一定の
   負担を課す贈与契約のことである。
3) 死因贈与とは、「贈与者である自分が死亡したら、受贈者に自宅を与
   える」など、贈与者と受贈者との合意によってなされ、贈与者の死
   亡時に効力を発揮する贈与契約のことである。
4) 定期贈与、負担付贈与および死因贈与により受贈者が取得した財産
   は、いずれも贈与税の課税対象となる。

・解説と解答・

1) 適切である。定期贈与契約は、当事者間の特別な人的関係に基づくことが
   多く、贈与者または受贈者の一方が死亡したら、それ以後契約の効力を失
   うことになる。
2) 適切である。受贈者の負担から利益を受ける者は、贈与者に限らず、第三
   者や不特定多数の者でもよい。
3) 適切である。遺贈、死因贈与は、それぞれ遺言者、贈与者の死亡時になさ
   れる贈与であるが、遺贈が遺言による一方的な意思表示（単独行為）であ
   るのに対し、死因贈与とは贈与者と受贈者との合意によってなされる契約
   である。
4) 不適切である。死因贈与により取得した財産は、相続税の課税対象とな
   る。

正解 4)

3-2 贈与財産の取得時期

> 《問》贈与財産の取得時期に関する次の記述のうち、最も不適切なものは
> どれか。
> 1）書面によらない（口頭による）贈与については、その履行の時が取
> 得時期となる。
> 2）書面による贈与については、その履行の時が取得時期となる。
> 3）「大学に合格したら自動車を与える」というような停止条件付の贈与
> 契約については、その条件が成就した時が取得時期となる。
> 4）所有権等の登記または登録の目的となる財産について、贈与時期が
> 明確でない場合には、登記または登録のあった日が取得時期となる。

・解説と解答・

1）適切である。
2）不適切である。書面による贈与については、贈与契約の効力が生じた時が
取得時期となる。
3）適切である。所定の条件が成就した時から、その効力が生じる贈与契約の
ことを停止条件付贈与契約という。
4）適切である。

正解 2）

3－3　贈与税の納税義務者

《問》贈与税の納税義務者に関する次の記述のうち、最も不適切なものは
どれか。なお、各選択肢において贈与者は、現在および過去におい
ても、日本国内に住所を有する個人（日本国籍を有する者）である
ものとする。

1）贈与により財産を取得した個人が、取得時期において日本国内に住
所を有している場合、その取得した財産は、国内・国外を問わず、
贈与税の課税対象となる。

2）贈与により財産を取得した個人が、取得時期において日本国内に住
所を有していない場合、その取得した財産は、国内・国外を問わ
ず、贈与税の課税対象となる。

3）贈与により財産を取得した個人が、取得時期において日本国内に住
所を有しておらず、かつ、日本国籍を有していない場合、その取得
した財産は、国内・国外を問わず、贈与税の課税対象となる。

4）贈与により財産を取得した個人が、取得時期において日本国内に住
所を有しているが、日本国籍を有していない場合、その取得した財
産のうち、国内財産についてのみ、贈与税の課税対象となる。

・解説と解答・

　贈与税の納税義務者の判定は、相続税と同様である。

　贈与者が現在および過去において日本国内に住所を有しており、かつ日本国
籍を有しているという一般的なケースを考えた場合、受贈者が「日本国内に住
所を有している」「日本国内に住所を有していない」「日本国籍ではない」のい
ずれの場合であっても、国内・国外を問わず、すべての財産が贈与税の課税対
象となる。

1）適切である。

2）適切である。

3）適切である。

4）不適切である。

正解　4）

3－4　贈与税の非課税財産

> 《問》贈与税の非課税財産に関する次の記述のうち、最も適切なものはどれか。
>
> 1）個人が法人から贈与により取得した財産は、贈与税の課税対象とはならず、所得税の課税対象となる。
> 2）子の結婚式および披露宴の費用を親が負担した場合、親から子に贈与が行われたとみなされ、金額の多寡にかかわらず、その費用は贈与税の課税対象となる。
> 3）相続により財産を取得した者が、その相続開始の年に被相続人から贈与により取得した財産がある場合、その贈与財産は相続税の課税対象とはならず、贈与税の課税対象となる。
> 4）個人から受ける社会通念上相当と認められる香典、年末年始の贈答等の金品については、贈与税の課税対象とならないが、所得税の課税対象となる。

・解説と解答・

1）適切である。贈与税は相続税の補完税であり、原則として、贈与者および受贈者がともに個人である場合の贈与を対象としている。したがって、相続という事実が起こり得ない法人から個人が贈与を受けた場合、贈与税は課税されず、所得税が課せられることになる。

2）不適切である。結婚式・披露宴の費用を誰が負担するかは、結婚式・披露宴の内容・招待客の人数・地域の習慣等、個々の事情で異なる。個々の事情において、負担すべき者がそれぞれの費用を負担しているのであれば、そもそも贈与にはあたらず、贈与税は課せられない。

3）不適切である。子が父親から贈与により財産を取得した後、同年中に父親が死亡した場合、父親から贈与により取得した財産は、相続税の課税価格に加算され相続税が課せられることになるため、贈与税は課せられない。

4）不適切である。個人から受ける香典、花輪代、年末年始の贈答、祝物または見舞いなどのための金品は、それが社交上の必要によるもので贈与者と受贈者との関係等に照らして社会通念上相当と認められるものは、贈与税と所得税のいずれも課せられることはない。

正解　1）

3－5　贈与税の課税財産①

> 《問》贈与税に関する次の記述のうち、最も不適切なものはどれか。
> 1）無償で不動産の名義を変更した場合、原則として、名義人となった者が贈与を受けたものとして扱われる。
> 2）著しく低い価額の対価で土地・建物を譲り受けた場合、通常の取引価額と実際に支払った対価との差額に相当する金額が、財産を譲渡した者から贈与により取得したものとみなされ、贈与税の課税対象となる。
> 3）個人の債務者が資力を喪失して、債務を弁済することが困難となり、債務の免除を受けた場合、その債務免除に係る債務の金額が贈与税の課税対象となる。
> 4）契約者（＝保険料負担者）が妻、被保険者が夫、保険金受取人が子である定期保険契約において、子が受け取った死亡保険金は贈与税の課税対象となる。

・解説と解答・

1）適切である。なお、名義人になった者がその不動産の使用収益または管理運用などをしていない、名義人になったことを知らない等の事情がある場合などは、贈与税が課せられる前にその不動産の名義を変更前の所有者に変更することで、贈与がなかったものとされる。

2）適切である。低額譲受により受けた利益（財産の時価と実際の支払金額との差額）は、みなし贈与財産に該当する。財産の時価は、通常は相続税評価額となるが、その評価額が著しく不適当と認められる場合には、通常の取引価額に相当する金額とする。

3）不適切である。原則として、対価を支払わない、または著しく低い価額の対価で債務の免除や引受、第三者のためにする債務の弁済があった場合、それらに係る金額をその利益を受けた者が債務免除等をした者から贈与により取得したものとみなされ、贈与税が課せられる。ただし、債務者が資力を喪失して、債務の弁済が困難になった場合等は、債務弁済の困難な部分については課税されない。

4）適切である。契約者（＝保険料負担者）と被保険者が異なる場合において、契約者とは異なる者が保険金受取人となるとき、当該保険契約により

受け取った死亡保険金は贈与税の課税対象となる。なお、契約者が保険金受取人となるときは、死亡保険金に所得税が課せられることとなる。

<u>正解</u>　　3)

3－6　贈与税の課税財産②

《問》贈与税の課税財産に関する次の記述のうち、最も不適切なものはど
れか。

1）離婚による財産分与によって取得した財産については、その取得し
た財産の額が社会通念上相当な範囲内である場合、原則として、贈
与税は課せられない。

2）共働きの夫婦が、夫名義で資金を借り入れて購入したマンションを
夫単独の名義とし、その借入金の返済を夫婦が共同で行った場合、
妻が負担する返済額について、夫が贈与を受けたものとはみなされ
ない。

3）親が所有する土地を使用貸借により子が借り受けて、その土地上に
子が自己資金で自宅を建築した場合、その土地の使用権の価額は0
円（ゼロ）として扱われ、子が借地権相当額の贈与を受けたものと
はみなされない。

4）兄と弟で共有する不動産について、弟がその持分を放棄したとき
は、兄が弟の持分を贈与により取得したものとして取り扱われる。

・解説と解答・

1）適切である。ただし、婚姻中の夫婦の協力によって得た財産の額、その他
一切の事情を考慮しても、なお過当であると認められる金額は、贈与税の
課税対象となる。

2）不適切である。借入金の返済が借入者以外の者の負担によってなされてい
るときは、その負担部分は借入者に対する贈与とみなされ、贈与税の課税
対象となる。

3）適切である。「使用貸借」とは、地代や権利金を授受することなく、土地
を賃借することであり、借地権の贈与課税はされない。なお、所有者であ
る親が死亡した場合、相続税において、その土地は貸宅地ではなく自用地
として評価される。

4）適切である。共有名義の不動産において、共有者がその共有不動産に関す
る自己の持分を放棄した場合、放棄された持分は他の共有者に帰属するこ
とになるが、この行為は、相続税法上は贈与とみなされ、他の共有者に贈
与税が課せられることとなる。

正解　2）

3 － 7　贈与税の課税財産③

《問》贈与税の課税財産に関する次の記述のうち、最も不適切なものはどれか。

1）親が開設した子名義の預金口座に、親が毎年100万円を振り込んでいたが、子はその口座の存在を知らなかった場合、その預金口座の残高は、親の死亡時に相続税の課税対象となる。

2）親が子に贈与した資金によって、子が預金口座を開設した場合は、名義預金と判断されないために、「贈与のあった都度、贈与契約書を作成する」「子が通帳を保管し、印鑑は子のものを使う」「預金は子自身が受払いを実行している」などの点を押さえる必要がある。

3）妻が、夫から受け取った2人の生活資金を妻名義の口座で管理していた場合、その預金口座の残高は生活資金と判断され、妻には贈与税が課せられず、夫の死亡時には相続税の課税対象にもならない。

4）親が所有する不動産の名義を、生前に対価を受けることなく子に変更した場合、親から子へ不動産を贈与したものとみなされ、贈与税の課税対象となる。

・解説と解答・

1）適切である。名義は子であったとしても、子がその口座の存在を知らない場合は贈与の事実がなく、実質的な預金者が被相続人である（「名義預金」である）とみなされ、その預金は相続税の課税対象となる。

2）適切である。

3）不適切である。妻名義の預金口座の残高が、生活資金として夫から受け取っていたものであった場合、夫が妻名義で預金していたものとみなされ、相続財産の対象となる場合がある。

4）適切である。

正解　3）

3−8　贈与税の計算の流れ①（暦年課税）

《問》Aさん（30歳）は、2024年2月5日に父親（57歳）から現金800万円の贈与を受けた。Aさんの2024年分の贈与税額として、次のうち最も適切なものはどれか。なお、Aさんは暦年課税を選択し、そのほかに贈与を受けていないものとする。

1）117万円
2）150万円
3）151万円
4）195万円

〈贈与税の速算表（一部抜粋）〉

基礎控除後の課税価格		一般贈与財産		特例贈与財産	
		税率	控除額	税率	控除額
万円超	万円以下				
～	200	10%	—	10%	—
200 ～	300	15%	10万円	15%	10万円
300 ～	400	20%	25万円	15%	10万円
400 ～	600	30%	65万円	20%	30万円
600 ～	1,000	40%	125万円	30%	90万円

・解説と解答・

　贈与税の計算は、まず、その年の1月1日から12月31日までの1年間に贈与を受けた財産の価額を合計し、その合計額から基礎控除額110万円を差し引く。次に、その残りの金額に税率を乗じて、控除額を差し引く。なお、贈与税の税率は、「贈与年の1月1日において18歳以上の者が直系尊属から贈与を受けた財産（特例贈与財産）」と「特例贈与財産以外の一般贈与財産」に区別して計算する。

　800万円−110万円（基礎控除額）＝690万円
　690万円×30%−90万円＝117万円

正解　1）

3－9　贈与税の計算の流れ②（贈与税の配偶者控除）

> 《問》贈与税の配偶者控除に関する次の記述のうち、最も不適切なものは
> 　　どれか。
> 　1）贈与税の配偶者控除の適用要件の1つとして、婚姻期間20年以上の
> 　　　配偶者からの贈与であることが挙げられる。
> 　2）贈与税の配偶者控除の適用要件の1つとして、贈与財産は居住用財
> 　　　産または居住用財産を取得するための金銭でなければならないとい
> 　　　うことが挙げられる。
> 　3）夫から居住用不動産（相続税評価額2,100万円）の贈与を受け、妻が
> 　　　当該贈与について贈与税の配偶者控除の適用を受けた場合、課税価
> 　　　格は算出されず、贈与税は課せられない。
> 　4）夫から居住用不動産（相続税評価額2,100万円）の贈与を受け、妻が
> 　　　当該贈与について贈与税の配偶者控除の適用を受けた年の翌年に夫
> 　　　が死亡した場合、相続により財産を取得した妻の相続税の課税価格
> 　　　に2,100万円が加算される。

・解説と解答・

1）適切である。婚姻期間は、婚姻の届け出があった日から贈与の日までの期間（1年未満の端数は切捨て）により計算する。

2）適切である。居住用不動産を取得した場合、翌年3月15日までに受贈者の居住の用に供し、その後引き続き居住の用に供する見込みである必要がある。また、金銭を取得した場合、翌年3月15日までに居住用不動産を取得して居住の用に供し、その後引き続き居住の用に供する見込みである必要がある。

3）適切である。控除額は、2,000万円（配偶者控除額）＋110万円（基礎控除額）＝2,110万円となり、贈与を受けた財産の価額を上回るため、課税価格は算出されない。ただし、所有権移転登記を申請する際に登録免許税、不動産取得税が課せられる。

4）不適切である。贈与税の配偶者控除の適用を受けた2,000万円に関しては、相続税の課税価格への加算対象から除外される。

正解　4）

3−10　直系尊属からの住宅取得等資金の贈与①

《問》「直系尊属から住宅取得等資金の贈与を受けた場合の贈与税の非課税の特例」（以下、「本特例」という）に関する次の記述のうち、最も不適切なものはどれか。

1）本特例の適用を受けることができる贈与者は、贈与した年の1月1日において、65歳以上の者に限られる。
2）本特例の適用を受けることができる受贈者は、贈与を受けた年の1月1日において、18歳以上の者に限られる。
3）贈与を受けた年分の所得税に係る合計所得金額が2,000万円を超える受贈者は、本特例の適用を受けることができない。
4）本特例は、相続時精算課税の特別控除額と併用して適用を受けることができる。

・解説と解答・

1）不適切である。贈与者に年齢要件はない。
2）適切である。
3）適切である。本特例の適用を受けるためには、贈与を受けた年の受贈者の合計所得金額が2,000万円以下（新築等をする住宅用の家屋の床面積が40㎡以上50㎡未満の場合は、1,000万円以下）であることが要件となる。
4）適切である。暦年課税、相続時精算課税のいずれの制度とも併用することができる。

正解　　1）

3-11　直系尊属からの住宅取得等資金の贈与②

《問》「直系尊属から住宅取得等資金の贈与を受けた場合の贈与税の非課税
の特例」（以下、「本特例」という）に関する次の記述のうち、最も
不適切なものはどれか。
1）贈与を受けた年の翌年12月31日までに本特例を受けようとする住宅
用の家屋に居住していない場合、受贈者は本特例の適用を受けるこ
とはできない。
2）受贈者の配偶者、親族などの一定の特別の関係がある人から取得し
た住宅用の家屋について、本特例の適用を受けることはできない。
3）受贈者が過去の贈与税の申告において本特例の適用を受けたことが
ある場合であっても、異なる贈与者から贈与を受けた場合は、本特
例の適用を再度受けることができる。
4）本特例による贈与税の住宅資金非課税限度額は、住宅の種類に応じ
て異なる。

・解説と解答・

1）適切である。受贈者の要件には、贈与を受けた年の翌年3月15日までにそ
の家屋に居住する、または同日後遅滞なくその家屋に居住することが確実
であると見込まれることがある。くわえて、贈与を受けた年の翌年12月31
日までにその家屋に居住していないときは、本特例の適用を受けることは
できない。
2）適切である。同様に、受贈者と一定の特別の関係がある人との請負契約等
により新築もしくは増改築等をした住宅用の家屋についても、本特例の適
用対象外である。
3）不適切である。2009年分から2021年分までの贈与税の申告において本特例
の適用を受けたことがないこと（一定の場合を除く）が、受贈者の要件と
なる。
4）適切である。

<住宅取得等資金の贈与に係る非課税限度額>

贈与の時期	省エネ等住宅	左記以外の住宅
2024年1月～2026年12月	1,000万円	500万円

※2024年度税制改正において、住宅取得等資金の贈与税の非課税措置が延長されるとともに、2024年1月以後に住宅取得等資金の贈与を受けて新築または建築後使用されたことのない省エネ等住宅を取得する場合の要件が厳しくなり、「断熱等性能等級5以上かつ1次エネルギー消費量等級6以上」に見直された（2023年以前は「断熱等性能等級4以上または1次エネルギー消費量等級4以上」が要件）。ただし、当該家屋が一定の期間内に建築確認を受けた住宅または建築された住宅であれば、旧要件が適用されることとなる。

正解　3)

3-12 直系尊属からの教育資金の一括贈与①

《問》「直系尊属から教育資金の一括贈与を受けた場合の贈与税の非課税の特例」（以下、「本特例」という）に関する次の記述のうち、最も不適切なものはどれか。

1）贈与を受けた年の前年において、受贈者の合計所得金額が一定以上であった場合には、本特例の適用を受けることはできない。

2）受贈者は、教育資金として支出した金銭に係る領収書等を取扱金融機関の営業所等に提出しなければならない。

3）本特例における非課税限度額は、受贈者ごとに1,500万円であり、学校等に直接支払われる入学金や授業料等の金銭については1,000万円、学校等以外の者に教育に関する役務の提供の対価として直接支払われる金銭で一定のものについては500万円が限度となる。

4）受贈者が30歳到達時に教育資金管理契約に係る非課税拠出額から教育資金支出額を控除した残額がある場合、受贈者が学校等に在学せず、教育訓練給付金の支給対象の教育訓練を受講していなければ、当該残額はその年の贈与税の課税価格に算入される。

・解説と解答・

1）適切である。贈与を受けた年の前年において、受贈者の所得税に係る合計所得金額が1,000万円を超える場合は、本特例の適用を受けることはできない。

2）適切である。

3）不適切である。非課税の限度額は、受贈者ごとに1,500万円であり、学校等以外の費用は500万円を限度として非課税となるが、学校等に支払う入学金および授業料等の費用には、特別の限度額は設けられていない。

4）適切である。受贈者が30歳到達時に、学校等に在学し、または教育訓練給付の支給対象となる教育訓練を受講している場合は、その時点で残高があっても贈与税の課税価格に算入されない。

正解 3）

3－13　直系尊属からの教育資金の一括贈与②

《問》「直系尊属から教育資金の一括贈与を受けた場合の贈与税の非課税の
特例」（以下、「本特例」という）に関する次の記述のうち、最も適
切なものはどれか。

1）本特例の適用を受けるためには、受贈者は贈与税の申告書にその適
用を受ける旨を記載し、一定の書類を添付して、贈与を受けた年の
翌年2月1日から3月15日までに、その申告書を納税地の所轄税務
署長に提出する必要がある。

2）外国にある教育施設（大学等）の授業料等は、本特例の適用対象と
ならない。

3）本特例の適用対象となる学校等以外の者に直接支払われる金銭に
は、スイミングスクール等のスポーツに係る指導への対価として支
払われる金銭は含まれない。

4）受贈者は、教育資金管理契約を締結する日において30歳未満の者に
限られるが、贈与者には年齢要件はない。

・解説と解答・

1）不適切である。教育資金非課税申告書が取扱金融機関の窓口等で受理され
た場合、その受理された日に受贈者の納税地の所轄税務署長に提出された
ものとみなされるため、受贈者が直接税務署で手続する必要はない。

2）不適切である。学校教育法1条に規定する学校もしくは同法124条に規定
する専修学校に相当する外国の教育施設、または外国において外国の学校
教育制度に位置付けられている教育施設（文部科学大臣と財務大臣と協議
して定めるもの）に係る入学金や授業料も適用の対象となる。つまり、ア
メリカの大学に留学するといった場合の入学金や授業料も適用の対象とな
る。

3）不適切である。学校等以外に支払う金銭とは、学習塾、スイミングスクー
ル等の校外活動に係る費用で、社会通念上相当と認められるものをいう。
スポーツや文化芸術に関する活動に係る指導への対価として支払われる金
銭も、適用の対象となる。

4）適切である。贈与者の年齢要件はない。

正解　4）

3－14　直系尊属からの結婚・子育て資金の一括贈与

> 《問》「直系尊属から結婚・子育て資金の一括贈与を受けた場合の贈与税
> の非課税の特例」（以下、「本特例」という）に関する次の記述のう
> ち、最も不適切なものはどれか。
> 1 ）本特例の対象となる非課税限度額は、受贈者 1 人につき1,000万円で
>   あり、そのうち結婚に際して支出する費用に充当する部分について
>   は500万円が限度となる。
> 2 ）本特例の適用を受けることができる受贈者は、結婚・子育て資金管
>   理契約を締結する日において、18歳以上50歳未満の者に限られる。
> 3 ）結婚・子育て資金管理契約の期間中に贈与者が死亡した場合、死亡
>   の日における非課税拠出額から結婚・子育て資金支出額を控除した
>   残額については、受贈者が贈与者から相続または遺贈により取得し
>   たものとみなされ、贈与者の死亡に係る相続税の課税価格に加算さ
>   れる。
> 4 ）受贈者が50歳に達して結婚・子育て資金管理契約が終了した日にお
>   いて、本特例の適用を受けた贈与財産のうち、結婚・子育て資金に
>   充当していない金額が残っている場合、その残額はその年に贈与が
>   あったものとして贈与税の課税対象となる。

・解説と解答・

1 ）不適切である。結婚に際して支出する費用に充当する部分については、
　　300万円が限度となる。

2 ）適切である。

3 ）適切である。

4 ）適切である。結婚・子育て資金管理契約は、受贈者が50歳に達した日等に
　　終了し、その終了時（受贈者が死亡した場合を除く）に非課税拠出額から
　　結婚・子育て資金支出額を控除した残額があるときは、その残額について
　　受贈者が50歳に達した日の属する年分の贈与税の課税価格に算入される。

正解　　1 ）

3−15　相続時精算課税制度①

《問》相続時精算課税制度（以下、「本制度」という）に関する次の記述の
うち、最も不適切なものはどれか。
1 ）本制度は、贈与した年の1月1日において、60歳以上の父母または
祖父母から、18歳以上の推定相続人である子または孫に対して財産
を贈与した場合に選択できる制度である。
2 ）父親からの贈与について、本制度の適用を受けた場合、以後の父親
からの贈与について、暦年課税に変更することはできない。
3 ）本制度においては、贈与の時期にかかわらず、年間110万円までの基
礎控除が認められている。
4 ）本制度の適用を受けようとする受贈者は、贈与を受けた財産に係る
贈与税の申告期限内に一定の必要事項を記載した相続時精算課税選
択届出書を贈与税の申告書に添付して、納税地の所轄税務署長に提
出しなければならない。

・解説と解答・

1 ）適切である。
2 ）適切である。本制度を一度選択すると、その選択に係る贈与者からの贈与
については、その選択をした年分以降すべてこの制度が適用され、暦年課
税に変更することはできない。
3 ）不適切である。従来本制度においては基礎控除が認められていなかった
が、2023年度税制改正により、2024年1月1日以後の贈与については、本
制度を適用した場合においても、年間110万円までの基礎控除が認められ
ることとなった。したがって、基礎控除が認められるのは、2024年以後の
贈与についてのみである。
4 ）適切である。

正解　3 ）

3－16　相続時精算課税制度②

> 《問》相続時精算課税制度（以下、「本制度」という）に関する次の記述の
> うち、最も不適切なものはどれか。
> 1）2024年2月に祖父（85歳）と父（58歳）から、それぞれ贈与を受け
> た者（27歳）は、いずれの贈与財産についても本制度の適用を受け
> ることができる。
> 2）父親からの贈与について本制度の適用を受けた場合であっても、母
> 親からの贈与については、過去に本制度の適用を受けていなけれ
> ば、暦年課税を選択することができる。
> 3）本制度の贈与者が死亡した場合、本制度の適用を受けた受贈者は、
> それまでに贈与を受けた本制度の適用財産の贈与時の価額（基礎控
> 除額を控除した残額）と相続等により取得した財産の価額を合計し
> た価額を相続税の課税価格とし、相続税額を計算することになる。
> 4）本制度の受贈者が贈与者よりも先に死亡した場合、受贈者の相続人
> （配偶者・子など）は、原則として、その受贈者が有していた本制度
> の適用を受けていたことに伴う納税に係る権利・義務を継承する。

・解説と解答・

1）不適切である。本制度においては、贈与者が60歳以上であることが適用要
件となる。したがって、60歳未満である父からの贈与については、本制度
の適用を受けることができない。

2）適切である。同一の贈与者からの贈与に対し相続時精算課税と暦年課税を
併用することはできないが、贈与者ごとにいずれの制度の適用を受けるか
選択することは可能である。

3）適切である。本制度の適用財産は、贈与時の価額により、相続税の課税価
格に加算される（持ち戻される）。既に納付した本制度に係る贈与税額を
控除して相続税額が算出されるが、相続税額から控除しきれない贈与税相
当額については、相続税の申告をすることで還付を受けることができる。

4）適切である。なお、相続時精算課税適用者の相続人が贈与者のみであると
きは、相続時精算課税適用者が有していた相続時精算課税の適用を受けて
いたことに伴う納税に係る権利・義務は消滅する。

正解　　1）

3－17　贈与税の申告と納付①

《問》贈与税の申告と納付に関する次の記述のうち、最も不適切なものは
どれか。
1）贈与を受けた者は、原則として、贈与を受けた年の翌年2月1日か
ら3月15日までの間に贈与税の申告書をその者の住所地の所轄税務
署長に提出しなければならない。
2）暦年課税において、その年中に贈与を受けた財産の価額の合計額が
100万円である場合は、贈与税の申告をする必要はない。
3）贈与税の期限内申告書を提出した者は、原則として、申告書の提出
期限である3月15日までにその申告に係る税額を金銭で納付しなけ
ればならない。
4）納付期限までに贈与税額を金銭で一時に納付することが困難である
場合、一定の要件を満たせば、延納または物納を選択することがで
きる。

・解説と解答・

1）適切である。
2）適切である。暦年課税の適用を受ける場合、受贈者は、贈与により取得し
た財産の価額が110万円の基礎控除額を超えるときに限り、贈与を受けた
年の翌年2月1日から3月15日までの間に贈与税の申告書をその者の住所
地の所轄税務署長に提出しなければならない。
3）適切である。
4）不適切である。贈与税において、物納は認められていない。

正解　4）

3 −18　贈与税の申告と納付②

《問》贈与税の申告と納付に関する次の記述のうち、最も不適切なものは
どれか。
1 ）贈与を受けた者が、贈与税を申告期限までに申告しなかった場合、
贈与を受けた額として実際よりも少ない額を申告した場合、または
贈与税の納付が期限に遅れた場合は、贈与税に加え加算税を納めな
ければならない。
2 ）贈与税の配偶者控除の適用を受ける場合、納付すべき贈与税額が 0
円（ゼロ）となるときであっても、贈与税の申告書を提出しなけれ
ばならない。
3 ）2024年以後の贈与について相続時精算課税制度を選択する場合、贈
与額が年間110万円以内であっても、その選択に係る最初の贈与を受
けた年は、贈与税の申告が必要である。
4 ）贈与税は金銭で一時に納付することが原則であるが、一定の要件を
満たせば、延納を選択することができる。

・解説と解答・

1 ）不適切である。贈与税の納付が期限に遅れた場合、遅れた税額に対しては
延滞税を納めなければならない。加算税は、贈与税を申告期限までに申告
しなかった場合や、贈与を受けた額として実際よりも少ない額を申告した
場合に課せられる。
2 ）適切である。贈与税の配偶者控除の適用を受けるためには、一定の書類を
添付して、贈与税の申告をする必要がある。
3 ）適切である。相続時精算課税においては、従来基礎控除が認められていな
かったが、2023年度税制改正により、2024年 1 月 1 日以後の贈与について
は、暦年課税と同様に、年間110万円までの基礎控除が認められることと
なった。ただし、相続時精算課税の選択に係る最初の贈与を受けた年は、
その翌年 2 月 1 日から 3 月15日までの間（贈与税の申告書の提出期間）
に、「相続時精算課税選択届出書」および一定の書類を添付し、贈与税の
申告を行う必要がある。
4 ）適切である。税額が10万円を超え、金銭で一時の納付することが困難であ
る事由がある場合、担保を提供することにより、最長 5 年以内の延納が認
められる。ただし、延納税額に対して利子税がかかる。　　　　<u>正解　　1 ）</u>

第 4 章

相続財産の評価

4－1　宅地等の評価①

《問》土地の相続税評価に関する次の記述のうち、最も不適切なものはどれか。

1）土地の価格水準には「実勢価格（取引価格）」「公示価格」「基準地価格」「相続税路線価」「固定資産税評価額」などがあり、そのうち相続税路線価は公示価格の概ね8割程度の水準である。
2）1筆の宅地が2画地以上の宅地として利用されている場合であっても、1画地ごとに評価するのではなく、1筆ごとに評価する。
3）土地は、宅地・田畑・山林・原野・牧場等の地目によって、単位当たりの評価額が異なり、一般に宅地が最も高い評価額となる。
4）土地は、相続により取得した時の実際の地積により評価する必要があり、登記簿上の地積と大きくかい離している場合は、実測等が必要となる。

・解説と解答・

1）適切である。不動産を相続対策に活用する理由は、「現金1億円（現金の相続税評価額は1億円）で不動産を購入⇒相続税評価額は8,000万円で評価される」など、時価と相続税評価額の乖離を利用することにある。
2）不適切である。登記簿上の「筆」と相続税評価における「画地」は、必ずしも一致しない。「画地」とは、利用単位の1区画のことであり、相続税の評価においては1画地ごとに評価する。
3）適切である。土地の評価は、宅地・田畑・山林・原野・牧場等の地目別に評価する。なお、登記上の地目は、現況の地目とは必ずしも一致しておらず、地目の判定に際しては、課税時期の現況により判定する。
4）適切である。土地の評価は、登記簿上の地積によらず、「実際の地積」によることとされている。なお、登記簿上の地積と実際の地積が異なるからといって、すべての土地について実測が要求されているわけではなく、被相続人の取得時の資料等を参考にするなど、適正な申告がなされればよいと解されている。したがって、「近隣の地積と比べ登記簿上の地積が小さい」「建物の床面積との比較で登記簿上の地積が小さい」などの事象があれば、登記簿上の地積を利用することはできない。

正解　2）

4 － 2　宅地等の評価②

> 《問》宅地の相続税評価に関する次の記述のうち、最も不適切なものはどれか。
> 1 ）評価対象となる宅地について、路線価方式と倍率方式のどちらを使用するかについては、財産評価基準書の路線価図や評価倍率表で確認することができる。
> 2 ）宅地の価額は、一般的に、市街地的形態を形成する地域にある宅地は路線価方式により評価し、それ以外の地域にある宅地は倍率方式により評価する。
> 3 ）路線価の単位は 1 ㎡当たりの価額を万円単位で表示しており、「400 C 」との表示は 1 ㎡あたりの路線価が400万円、借地権割合が70％であることを示している。
> 4 ）評価倍率表には、「借地権割合」「宅地」「田」「畑」「山林」等の欄があり、宅地の価額は、原則として、固定資産税評価額に当該欄の倍率を乗じて評価する。

・解説と解答・

1 ）適切である。宅地の相続税評価額の評価方法には、路線価方式と倍率方式があり、いずれも公示価格の80％程度の水準である。財産評価基準書はインターネットで確認することができる。

2 ）適切である（財産評価基本通達11）。なお、市街地的形態を形成する地域であっても、倍率方式により評価する場合もある。

3 ）不適切である。路線価の単位は千円単位で表示されている。借地権割合は、路線価ごとに定められており、A ～ G の記号により路線価の右に表示してある。「400 C 」は路線価40万円、借地権割合70％を示している。なお、借地権割合は、A ：90％、B ：80％、C ：70％…と、10％刻みとなっている。

4 ）適切である。

正解　　3 ）

4－3　宅地等の評価③

《問》宅地の相続税評価に関する次の記述のうち、最も不適切なものはどれか。
1）路線価方式では、宅地に面する路線ごとに定められた路線価に基づいて評価するが、その宅地の奥行、間口、形状等により、加算・減算をして価額を補正する。
2）倍率方式では、「固定資産税評価額×評価倍率」の算式により評価するが、その宅地の奥行、間口、形状等により、加算・減算をして価額を補正する。
3）正面と側方に路線（道路）がある角地を路線価方式により評価する場合、それぞれの路線価に奥行路線価補正率を乗じた価額を比較し、高いほうの路線価が正面路線価となる。
4）宅地の価額は、利用の単位となっている1区画ごとに評価するため、登記簿上の「筆」とは必ずしも一致しないことがある。

・解説と解答・

1）適切である。正面だけでなく、側方・裏面・三方・四方に路線（道路）がある場合は、加算の対象となる。他方、奥行が短すぎる・長すぎる、間口が狭い、がけ地、不整形地、路線（道路）と接していない無道路地等の場合は、減算の対象となる。
2）不適切である。倍率方式では、土地の形状による補正は行わない。
3）適切である。
4）適切である。

正解　2）

4 − 4　宅地等の評価④

《問》定期借地権の財産評価等に関する次の記述のうち、最も不適切なも
のはどれか。

1 ）一般定期借地権は、公正証書等の書面により借地権の存続期間を50
年以上として設定される借地権で、存続期間の満了により契約が終
了するものである。

2 ）定期借地権は、普通借地権にある法定更新などの制度がなく、契約
期間の到来によって権利関係が終了するため、普通借地権とは異
なった方法により評価する。

3 ）定期借地権の価額は、借地権の残存期間が短くなるほど高くなる。

4 ）定期借地権の目的となっている宅地（貸宅地）は、普通借地権の目
的となっている宅地（貸宅地）とは異なった方法により評価される。

・解説と解答・

1 ）適切である。

2 ）適切である。

3 ）不適切である。定期借地権の価額は、課税時期において借地人に帰属する
経済的利益とその存続期間を基にして評価するため、設定時から毎年逓減
し、期間満了で 0 円（ゼロ）となる。

4 ）適切である。普通借地権の目的となっている宅地（貸宅地）は、「自用地
価額×（ 1 −借地権割合）」で評価されるが、定期借地権の目的となって
いる宅地（貸宅地）（普通借地権の割合が30％〜70％の地域以外の場合ま
たは課税上弊害がある場合）は、「①自用地評価額−定期借地権の評価
額」または「②自用地評価額×（ 1 −定期借地権の残存期間年数に応じた
割合※）」（※　残存期間が 5 年以下： 5 ％、 5 年超10年以下：10％、10年
超15年以下：15％、15年超：20％）のいずれか低い金額で評価される。

正解　　3 ）

4－5　宅地等の評価⑤

《問》宅地等の相続税評価に関する次の記述のうち、最も不適切なものは
どれか。なお、各選択肢中のAさんとBさんに税法上の親族関係は
なく、宅地は借地権（定期借地権を除く）の設定に際して権利金等
の一時金を支払う慣行のある地域にあるものとする。

1）Aさんが所有する宅地の上に、Aさん名義の居住用建物を建築し、
その建物を自宅として使用している場合、その宅地は自用地として
評価する。

2）Bさんが、権利金を支払ったうえでAさんの所有する宅地を賃借
し、Bさんがその宅地の上にBさん名義の居住用建物を建築し、そ
の建物を自宅として使用している場合、その宅地の上に存する権利
は借地権として評価する。

3）Aさんが、権利金を受領したうえで所有する宅地をBさんに賃貸
し、Bさんがその宅地の上にBさん名義の居住用建物を建築し、そ
の建物を自宅として使用している場合、その宅地は貸宅地として評
価する。

4）Aさんが所有する宅地の上に、Aさん名義の賃貸アパートを建築
し、その賃貸アパートを貸付の用に供している場合、その宅地は貸
宅地として評価する。

・解説と解答・

1）適切である。

2）適切である。選択肢2）・選択肢3）は表裏の関係にある。宅地の所有者
がAであり、その宅地をBに賃貸し、Bが自己名義の自宅を建築している
状態でAまたはBに相続が発生した場合、Aの相続人が取得するその宅地
は「貸宅地＝自用地価額×（1－借地権割合）」として評価され、Bの相
続人が取得するその借地権は「借地権＝自用地価額×借地権割合」で評価
される。

3）適切である。上記2）の解説参照。

4）不適切である。A所有の土地の上にAが賃貸アパートを建てているので、
その宅地は貸家建付地として、「貸家建付地＝自用地評価額×（1－借地
権割合×借家権割合×賃貸割合）」で評価される。　　　　　<u>正解　　4）</u>

4－6　宅地等の評価⑥

> 《問》個人が所有する宅地等の相続税評価に関する次の記述のうち、最も不適切なものはどれか。
>
> 1）Aさんは、Aさんの父親から無償で借り受けている宅地の上にAさん名義の自宅を建築し、居住している。Aさんの父親に相続が発生した場合、その宅地は自用地として評価する。
>
> 2）Aさんは、Aさんの父親から固定資産税程度の地代で借り受けている宅地に、賃貸アパートを建築し、第三者に賃貸している。Aさんの父親に相続が発生した場合、その宅地は貸宅地として評価する。
>
> 3）Aさんが、所有する宅地を、自身が株主である同族法人B社に権利金の授受を伴わないで貸し付け、B社がその宅地上に本社を建てている。「土地の無償返還に関する届出書」を税務署長に提出しているとき、Aさんに相続が発生した場合、その土地は貸宅地として「自用地評価額×80％」で評価する。
>
> 4）Aさんが、所有する宅地を、自身が株主である同族法人B社に権利金の授受を伴わないで貸し付け、B社がその宅地上に本社を建てている。「土地の無償返還に関する届出書」を税務署長に提出しているとき、B社の株式評価に係る純資産価額の計算にあたっては、その土地の借地権は「自用地評価額×20％」で評価する。

・解説と解答・

1）適切である。使用貸借（無償）により借り受けている宅地に借地権は生じず、その宅地は貸宅地ではなく、自用地として評価される。

2）不適切である。固定資産税程度の地代であれば、使用貸借として扱われる。したがって本肢の宅地は、自用地として評価される。

3）適切である。宅地所有者である個人が、自身が株主である同族法人に宅地を貸し付け、借主（同族法人）が将来その土地を無償で返還する旨を記載した「土地の無償返還に関する届出書」を税務署長に提出している場合は、その土地は貸宅地として「自用地評価額×80％」で評価される。なお、「土地の無償返還に関する届出書」は、貸主と借主のどちらか一方、もしくは両方が法人の場合に限り提出することができる。

4）適切である。宅地所有者である個人が、自身が株主である同族法人に宅地

を貸し付け、「土地の無償返還に関する届出書」を税務署長に提出している場合でも、宅地所有者は同族法人を通じてその宅地を使用することができる。したがって、課税の公平性の観点から、同族法人の株式評価にあたっては、純資産価額に、その土地の借地権として「自用地評価額×20％」を算入する（貸主である個人で自用地評価額の80％、借主である同族法人で自用地評価額の20％とすることで、合計100％の評価となる）。なお、宅地所有者と同族法人の株主が異なる場合は、同族法人の株式評価に、その土地の借地権評価額を加算する必要はない。

<u>正解</u>　2)

4－7　宅地等の評価⑦

《問》次の事例における、甲宅地の相続税評価額として、最も適切なものはどれか。なお、「小規模宅地等についての相続税の課税価格の計算の特例」は考慮しないものとする。

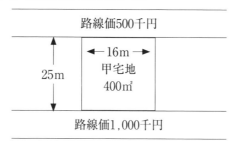

〈甲宅地の資料〉

地区区分：普通住宅地区

奥行価格補正率：0.97（24m以上28m未満）

二方路線影響加算率：0.02

1）2億176万円

2）3億8,800万円

3）3億9,188万円

4）4億400万円

解説と解答

　甲宅地は路線価が定められている地域に存することから、相続税評価額は次の計算式（路線価方式）により計算される。

　　評価額＝{（正面路線価×奥行価格補正率）＋（裏面路線価×奥行価格補正率×二方路線影響加算率）}×地積

　※正面路線とは、各路線価に奥行価格補正率を乗じて求めた価額の高いほうの路線をいい、裏面路線とは、正面路線以外をいう。

　したがって、甲宅地の評価額は次のとおり。

　{（1,000千円×0.97）＋（500千円×0.97×0.02）}×400㎡＝3億9,188万円

<u>正解　　3）</u>

4−8 宅地等の評価⑧

《問》次の事例における、甲宅地の相続税評価額として、最も適切なもの
　　はどれか。なお、「小規模宅地等についての相続税の課税価格の計
　　算の特例」は考慮しないものとする。

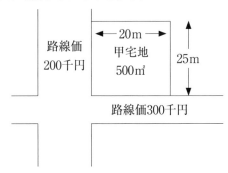

〈甲宅地の資料〉

地区区分：普通住宅地区

奥行価格補正率：1.00（20m以上24m未満）

　　　　　　　　0.97（24m以上28m未満）

側方路線影響加算率：0.03

　1）727万5,000円

　2）1億150万円

　3）1億4,850万円

　4）1億5,300万円

・解説と解答・

　甲宅地は路線価が定められている地域に存することから、相続税評価額は次
の計算式（路線価方式）により計算される。

　　評価額＝｛（正面路線価×奥行価格補正率）＋（側方路線価×奥行価格補正率×
　　　　　　側方路線影響加算率）｝×地積

　※正面路線とは、各路線価に奥行価格補正率を乗じて求めた価額の高いほう
　　の路線をいい、側方路線とは、正面路線以外をいう。

　各路線価は、

　①　300千円×0.97＝291,000円

②　200千円×1.00＝200,000円であり、

①＞②であることから、正面路線価は300千円である。

したがって、甲宅地の評価額は次のとおり。

$\{(300千円×0.97)+(200千円×1.00×0.03)\}×500㎡＝1億4,850万円$

正解　　3)

4－9　小規模宅地等の評価減の特例①

《問》「小規模宅地等についての相続税の課税価格の計算の特例」（以下、「本特例」という）に関する次の記述のうち、最も不適切なものはどれか。

1）貸付事業用宅地等に該当する宅地は、200㎡までの部分について、通常の評価額から50％相当額を減額した金額をもって、相続税の課税価格に算入すべき価額とすることができる。

2）特定居住用宅地等に該当する宅地は、240㎡までの部分について、通常の評価額から80％相当額を減額した金額をもって、相続税の課税価格に算入すべき価額とすることができる。

3）特定事業用宅地等に該当する宅地は、400㎡までの部分について、通常の評価額から80％相当額を減額した金額をもって、相続税の課税価格に算入すべき価額とすることができる。

4）特定居住用宅地等と特定事業用宅地等の2つの宅地を取得した場合、適用対象面積の調整はせず、それぞれの適用対象面積の限度まで本特例の適用を受けることができる。

・解説と解答・

1）適切である。貸付事業用宅地等とは、相続の開始から3年超前に被相続人等の一定の不動産貸付業等の用に供されていた宅地等であり、一定の要件を満たす被相続人の親族が相続または遺贈により取得したものをいう。

2）不適切である。特定居住用宅地等とは、被相続人等の居住の用に供されていた宅地等であり、被相続人の配偶者または一定の要件を満たす被相続人の親族が相続または遺贈により取得したものをいう。相続により「特定居住用宅地等」のみを取得した（「貸付事業用宅地等」を取得していない）場合、本特例の適用対象面積は最大330㎡である。

3）適切である。特定事業用宅地等とは、相続の開始から3年超前に被相続人等の事業（不動産貸付業等を除く）の用に供されていた宅地等であり、一定の要件を満たす被相続人の親族が相続または遺贈により取得したものをいう。

4）適切である。相続により「特定居住用宅地等」と「特定事業用宅地等または特定同族会社事業用宅地等」を取得した場合、それぞれの適用対象面積

の限度（「特定居住用宅地等」について最大330㎡、「特定事業用宅地等または特定同族会社事業用宅地等」について最大400㎡）まで本特例の適用を受けることができる（完全併用可）。

<u>正解　　2）</u>

4－10　小規模宅地等の評価減の特例②

《問》「小規模宅地等についての相続税の課税価格の計算の特例」（以下、「本特例」という）に関する次の記述のうち、最も不適切なものはどれか。

1）被相続人が介護医療院に入所したことにより、居住の用に供されなくなった家屋の敷地（宅地）について、一定の要件に該当する場合は、相続開始直前において被相続人の居住の用に供されていたものとして本特例の適用を受けることができる。

2）被相続人が相続開始前3年以内に取得した貸付事業の用に供されていた宅地等は、原則として、本特例における貸付事業用宅地等の範囲から除外される。

3）特定居住用宅地等（200㎡）と貸付事業用宅地等（150㎡）の2つの宅地を取得した場合、適用対象面積は調整される。

4）特定居住用宅地等（300㎡）と特定事業用宅地等（300㎡）の2つの宅地を取得した場合、適用対象面積は調整されるため、1㎡当たりの相続税評価額が高い宅地を優先して、本特例の適用を受けることが望ましい。

・解説と解答・

1）適切である。

2）適切である。

3）適切である。相続により取得した宅地等に「貸付事業用宅地等」が含まれる場合、本特例の適用対象面積は次の式で調整される。

$$\frac{特定事業用宅地等}{の面積} \times \frac{200㎡}{400㎡} + \frac{特定居住用宅地等}{の面積} \times \frac{200㎡}{330㎡} + \frac{貸付事業用宅地等}{の面積} \leq 200㎡$$

4）不適切である。相続により「特定居住用宅地等」と「特定事業用宅地等または特定同族会社事業用宅地等」を取得した場合、適用対象面積の限度（「特定居住用宅地等」について最大330㎡、「特定事業用宅地等または特定同族会社事業用宅地等」について最大400㎡）まで本特例の適用を受けることができる（完全併用可）。

正解　4）

【2018年度税制改正】
① 持家に居住していない者に係る本特例の対象者から、以下の者を除外する。
　・相続開始前３年以内に、その者の３親等内の親族またはその者と特別の関係のある法人が所有する国内にある家屋に居住したことがある者
　・相続開始時において、居住の用に供していた家屋を過去に所有していた者
② 貸付事業用宅地等の範囲から、相続開始前３年以内に貸付事業の用に供された宅地等を除外する。ただし、相続開始前３年を超えて事業的規模で貸付事業を行っている者が当該貸付事業の用に供しているものは、特例の適用対象となる。
③ 介護医療院に入所したことにより被相続人の居住の用に供されなくなった家屋の敷地の用に供されていた宅地等について、相続開始直前において被相続人の居住の用に供されていたものとして本特例の適用を受けることができる。

【2019年度税制改正】
　特定事業用宅地等から、相続開始前３年以内に被相続人等の事業の用に供された宅地等を除外する。ただし、当該宅地等の上で事業の用に供されている減価償却資産の価額が、当該宅地等の相続時の価額の15％以上であれば、特例の適用対象となる。

4-11 小規模宅地等の評価減の特例③

《問》「小規模宅地等についての相続税の課税価格の計算の特例」（以下、「本特例」という）に関する次の記述のうち、最も不適切なものはどれか。

1）被相続人である夫の居住の用に供されていた宅地を妻が相続により取得し、妻が相続税の申告期限までに売却した場合、その宅地は「特定居住用宅地等」として、本特例の適用を受けることができない。

2）被相続人である母親の居住の用に供されていた宅地を被相続人と同居していた長男が相続により取得し、長男が相続税の申告期限までに売却した場合、その宅地は「特定居住用宅地等」として、本特例の適用を受けることができない。

3）被相続人である夫の事業の用に供されていた宅地を妻が相続により取得し、妻が相続税の申告期限まで事業を継続せず、その宅地を売却した場合、その宅地は「特定事業用宅地等」として、本特例の適用を受けることができない。

4）被相続人である母親の居住の用に供されていた宅地を被相続人と同居していない長男が相続により取得した場合、長男が既に持ち家を所有し、その家屋に居住していれば、その相続により取得した宅地は「特定居住用宅地等」として、本特例の適用を受けることができない。

• 解説と解答 •

1）不適切である。配偶者には、居住継続あるいは保有継続の要件はなく、申告期限までに売却したとしても、本特例の適用を受けることができる。

2）適切である。被相続人の居住の用に供されていた宅地の取得者が、被相続人の配偶者以外の親族であり、かつ被相続人と同居していた場合、相続税の申告期限まで当該宅地を居住継続、保有継続していなければ、本特例の適用を受けることはできない。

3）適切である。特定居住用宅地等の場合とは異なり、配偶者であっても申告期限までに事業承継の要件および保有継続の要件を満たす必要がある。

4）適切である。相続した者が相続開始前3年以内に国内にある自己、自己の

配偶者、三親等内の親族、同族会社等の所有する家屋に居住したことがある場合は、本特例の適用を受けることはできない。

正解　　1)

4−12　小規模宅地等の評価減の特例④

《問》「小規模宅地等についての相続税の課税価格の計算の特例」（以下、「本特例」という）に関する次の記述のうち、最も不適切なものはどれか。

1）本特例の適用対象者は、相続や遺贈により宅地等を取得した被相続人の親族であり、親族以外の第三者が遺贈により取得した場合は、本特例の適用対象者とはならない。
2）被相続人が所有していた賃貸アパート（建物およびその敷地たる宅地）を相続により取得した場合、「貸付事業用宅地等」に該当する賃貸アパートの敷地たる宅地を貸家建付地として評価し、その評価額に対して本特例を適用する。
3）特定居住用宅地等（410㎡）と特定事業用宅地等（300㎡）を取得した場合、適用対象面積の合計が730㎡以下となるため、2つの宅地のすべての面積について、本特例の適用を受けることができる。
4）被相続人である母親と長男家族が居住する二世帯住宅の敷地の用に供されている母親が所有していた宅地（300㎡）については、区分所有建物登記がされている場合を除き、長男が居住する部分を含め、その敷地全体について本特例の適用を受けることができる。

・解説と解答・

1）適切である。
2）適切である。
3）不適切である。取得した宅地等に「貸付事業用宅地等」が含まれない場合、本特例の適用限度面積は、「特定居住用宅地等」について最大330㎡、「特定事業用宅地等または特定同族会社事業用宅地等」について最大400㎡である。したがって、本問の場合、「特定居住用宅地等」は適用限度面積である330㎡までしか本特例の適用を受けることはできない。
4）適切である。

正解　3）

4−13 農地・山林・雑種地

> 《問》農地の相続税評価に関する次の記述のうち、最も不適切なものはどれか。
>
> 1）市街地農地とは、農地法による転用の許可を受けた農地や市街化区域内にある農地のことである。
> 2）路線価区域内にある市街地農地の価額は、「（1㎡当たりの宅地であるとした場合の価額−1㎡当たりの造成費の額）×地積」の算式により評価される。
> 3）市街地周辺農地の価額は、「市街地農地であるとした場合の価額×50％」の算式により評価する。
> 4）純農地および中間農地の価額は、倍率方式によって評価する。

・解説と解答・

1）適切である。なお、農地の価額は、純農地、中間農地、市街地周辺農地、市街地農地の4種類に区分して評価する。
2）適切である。市街地農地は、付近の宅地価額に比準して評価するが、宅地の評価額の算式とは異なる。路線価区域内のものは、「（1㎡当たりの宅地であるとした場合の価額−1㎡当たりの造成費の金額）×地積」により評価される。1㎡当たりの造成費の金額は、年分ごとに各国税局長が定めている。
3）不適切である。市街地周辺農地は、「市街地農地であるとした場合の価額×80％」の算式により評価する。市街地周辺農地は、原則として第3種農地に該当する農地等をいい、市街地に近接する宅地化になりやすい地域にある。
4）適切である。

正解　3）

4-14 農地の納税猶予の特例

《問》「農業相続人が農地等を相続した場合の納税猶予の特例」（以下、「本特例」という）に関する次の記述のうち、最も不適切なものはどれか。

1) 農地等の生前一括贈与をした被相続人は、本特例における被相続人の要件に該当する。
2) 相続税の申告期限までに農業経営を開始し、その後も引き続き農業経営を行う相続人は、本特例における相続人の要件に該当する。
3) 被相続人が特定貸付等を行っていた農地または採草放牧地で相続税の申告期限までに遺産分割されていることが、本特例の適用要件の1つである。
4) 贈与時に相続時精算課税の適用を受けた農地等についても、本特例の適用を受けることができる。

・解説と解答・

　本特例は、農地を相続または贈与された農業相続人に対し、農地に係る相続税または贈与税の納税を猶予する制度である。本特例の適用は、農地等の相続人が農業を継続する、または農業を行う者に農地を貸し出すことが条件となる。

1) 適切である。
2) 適切である。
3) 適切である。
4) 不適切である。本特例は、相続時精算課税との選択適用であるため、相続時精算課税制度に係る贈与によって取得した農地等については、本特例の適用を受けることはできない。

正解　4)

4-15 家屋等の相続税評価

《問》家屋等の相続税評価に関する次の記述のうち、最も不適切なものは
どれか。
1) 自用家屋の価額は「固定資産税評価額×1.0」により評価する。
2) 賃貸アパート等の貸家の価額は「自用家屋評価額×（1-借家権割
合×賃貸割合）」により評価する。
3) 建築中の家屋の価額は「課税時期までに投下された費用現価の額×
1.0」により評価する。
4) 門・塀等、庭園設備は、家屋の固定資産税評価額に含まれていない
ため、家屋とは別個に評価する。

・解説と解答・

1) 適切である。自用家屋の価額は、固定資産税評価額の1.0倍として計算し
て評価する。固定資産税評価額は、固定資産評価証明書から確認する。
2) 適切である。借家権割合は国税庁ホームページで確認することができ、
2024年4月現在、全国一律で30％とされている。
3) 不適切である。建築中の家屋の価額は「課税時期までに投下された費用現
価の額×0.7」により評価する。建築中の家屋の費用現価の額は、請負契
約書、領収書から確認する。
4) 適切である。門・塀等は「（再建築価額－経過年数に応じる減価の額）×
0.7」、庭園設備は「調達価額×0.7」により評価する。

正解 3)

4－16　居住用の区分所有財産の評価

《問》2024年1月以降に適用される「居住用の区分所有財産（分譲マンション等）の相続税評価方法の改正」（以下、「本改正」という）に関する次の記述のうち、最も不適切なものはどれか。

1）本改正は、構造上、主として居住の用途に供することができない商業ビルには適用されない。
2）本改正は、区分建物の登記がされていない一棟所有の賃貸マンションには適用されない。
3）本改正においては、改正前の相続税評価額と実際の取引価格が乖離する要因を、「築年数」「総階数」「所在階」「敷地持分狭小度」の4つと分析した上で、区分所有補正率の計算に使用する評価乖離率を定義している。
4）本改正後の相続税評価額は、当該区分所有財産の評価乖離率にかかわらず、従来の相続税評価額に評価乖離率の60％を乗じた金額となる。

・解説と解答・

　2023年9月28日付の法令解釈通達「居住用の区分所有財産の評価について」により、2024年1月1日以後に相続、遺贈または贈与により取得した居住用の区分所有財産（いわゆる分譲マンション）の評価方法が変更された。

　相続等により取得した居住用の区分所有財産の価額は、次の算式で評価される。

| 新通達の評価額
（自用地、自用家屋） | ＝従来の相続税評価額（自用地、自用家屋）×区分所有補正率 |

　なお、区分所有補正率は、国税庁ホームページに掲載された「居住用の区分所有財産の評価に係る区分所有補正率の計算明細書」により簡便に計算することができる。

1）適切である。本改正の対象となる区分所有財産は、構造上、主として居住の用途に供することができるものをいい、原則として、登記簿上の種類に「居宅」を含むものが該当する。したがって、商業ビルは対象外となる。
2）適切である。本改正の対象はあくまでも区分所有財産であり、区分建物の登記がされていない一棟マンションは対象外となる。もっとも、一棟マン

ションでも区分所有登記がされていれば対象となる。

3 ）適切である。区分所有補正率の計算に使用する評価乖離率は、次の算式で計算される。

評価乖離率 ＝ A ＋ B ＋ C ＋ D ＋ 3.220

A：当該一棟の区分所有建物の<u>築年数</u>×△0.033

B：当該一棟の区分所有建物の<u>総階数指数</u>×0.239（小数点以下第 4 位切捨て）

総階数指数 ＝ 総階数 ÷ 33（小数点以下第 4 位切捨て、 1 を超える場合は 1 とする）

C：当該一室の区分所有権等に係る専有部分の<u>所在階</u>×0.018

D：当該一室の区分所有権等に係る<u>敷地持分狭小度</u>×△1.195（小数点以下第 4 位切上げ）

敷地持分狭小度 ＝ 当該一室の区分所有権等に係る敷地利用権の面積／当該一室の区分所有権等に係る専有部分の面積（小数点以下第 4 位切上げ）

4 ）不適切である。改正後の相続税評価額と従来の相続税評価額の関係性は、評価水準（＝ 1 ／評価乖離率）に応じて異なり、改正後の相続税評価額が、従来の相続税評価額×評価乖離率×60％となるのは、評価水準＜0.6の場合である。0.6≦評価水準≦ 1 の場合は、改正後の相続税評価額は従来の相続税評価額のまま、評価水準＞ 1 の場合は、改正後の相続税評価額は従来の相続税評価額×評価乖離率となる。

正解　　4 ）

＜参考＞改正後の評価方法

　本改正では、従来の算定方法による相続税評価額（ α ）と統計的な処理を施して算出した市場価格の理論値（ β ）を比較して、改正後の相続税評価額を以下のように補正している。

・ α が β の60％未満になる場合　：<u>β の60％まで評価額を引き上げる。</u>

・ α が β の60〜100％になる場合：α で据え置く。

・ α が β を上回る場合　　　　　：β まで評価額を引き下げる。

　具体的な評価方法は、以下のとおり。

新通達の評価額 （自用地、自用家屋）	＝従来の相続税評価額（自用地、自用家屋）×区分所有補正率

○区分所有補正率

評価水準＜0.6 → 評価乖離率×0.6

0.6≦評価水準≦1 → 従来の相続税評価額のまま

評価水準＞1 → 評価乖離率

○評価水準＝1／評価乖離率

○評価乖離率＝A＋B＋C＋D＋3.220

A：当該一棟の区分所有建物の<u>築年数</u>×△0.033

→築年数が古いほど評価乖離率が小さくなるため、評価額も低くなる。

B：当該一棟の区分所有建物の<u>総階数指数</u>×0.239（小数点以下第4位切捨て）

総階数指数＝総階数÷33（小数点以下第4位切捨て、1を超える場合は1とする）

→総階数が大きいほど評価乖離率が大きくなるため、評価額も高くなる。ただし、33階を超えるような高さになると評価額は一定となる。

C：当該一室の区分所有権等に係る専有部分の<u>所在階</u>×0.018

→所在階が高いほど評価乖離率が大きくなるため、評価額も高くなる。

D：当該一室の区分所有権等に係る<u>敷地持分狭小度</u>×△1.195（小数点以下第4位切上げ）

敷地持分狭小度＝当該一室の区分所有権等に係る敷地利用権の面積／当該一室の区分所有権等に係る専有部分の面積（小数点以下第4位切上げ）

→都心の超高層マンションのように建物の専有面積に比べて敷地利用権の面積が小さいほど評価乖離率がマイナスされる値が小さく、相対的に評価乖離率が大きくなるため、評価額も高くなる（逆に、都市近郊所在の敷地が広いマンションのように、建物の専有面積に比べて敷地利用権の面積が大きいと、評価乖離率がマイナスされる値が大きく、相対的に評価乖離率が小さくなるため、評価額も低くなる）。

4−17　国外財産

《問》国外財産等の相続税評価に関する次の記述のうち、最も不適切なも
のはどれか。
1 ）外国にある財産の価額は、原則として、国内にある財産と同様に、
財産評価基本通達で定める評価方法により評価する。
2 ）外国にある土地の価額は、路線価方式および倍率方式を適用するこ
とができないため、売買実例価額や専門家の鑑定評価等を考慮した
うえで評価を行うことになる。
3 ）外国にある土地の価額の邦貨換算は、相続人が既に取引している金
融機関の対顧客直物電信買相場（TTB）によることが簡便であり、
一般的である。
4 ）国内にある金融機関に預け入れた外貨預金の価額の邦貨換算は、
課税時期において取引金融機関が公表する対顧客直物電信売相場
（TTS）またはこれに準ずる相場による。

・解説と解答・

1 ）適切である。
2 ）適切である。財産評価基本通達の定めによる評価ができない財産は、通達
に定める評価方法に準じて評価する。また、課税上の弊害がない限り、そ
の財産の取得価額をもとに、財産が所在する国における同一財産の価格水
準に基づいて算出した価額、または課税時期において譲渡した場合の価額
に基づいて算出した価額により評価することができる。
3 ）適切である。外国にある財産の邦貨換算については、外貨預金と異なり、
金融機関を特定することができないため、相続人が既に取引している金融
機関の為替相場を確認することが最も一般的で、簡便であることから、相
続人の取引している金融機関のTTBにより評価する。なお、相続人の選
択により、被相続人の取引金融機関のTTBにより邦貨換算することもで
きる。
4 ）不適切である。外貨預金の邦貨換算については、課税時期において取引金
融機関が公表する対顧客直物電信買相場（TTB）またはこれに準ずる相
場による。

<u>正解　　4 ）</u>

4 −18 金融資産等の相続税評価①

《問》金融資産等の相続税評価に関する次の記述のうち、最も不適切なものはどれか。

1）普通預金の価額は、既経過利子の額が少額であれば、預入残高だけで評価する。

2）取引相場のあるゴルフ会員権の価額は、原則として、通常の取引価格の70％相当額により評価する。

3）契約者（＝保険料負担者）および死亡保険金受取人を夫、被保険者を妻とする終身保険契約において、夫の死亡により、妻が取得する生命保険契約に関する権利の価額は、既払込保険料相当額により評価される。

4）個人年金保険（10年確定年金）の年金支払期間中に年金受取人である夫が死亡し、残余期間の年金額を年金受取人の妻が受け取る場合、当該年金受給権は「定期金に関する権利の評価」に基づき評価される。

・解説と解答・

1）適切である。定期預金・定期貯金は「預入残高＋既経過利息（解約利率により計算した利息）－源泉所得税額」の算式により評価される。普通預金も同様であるが、既経過利息の額が少額であれば、預入残高だけで評価する。

2）適切である。取引相場のあるゴルフ会員権は「通常の取引価格×70％」の算式により評価される。取引価格に含まれない預託金等があるゴルフ会員権は「通常の取引価格×70％＋預託金等の額」の算式により評価される。

3）不適切である。相続開始の時において、保険事故が発生していない生命保険契約に関する権利の価額は、解約返戻金等の額により評価する。

4）適切である。

正解　3）

4 −19　金融資産等の相続税評価②

《問》金融資産等の相続税評価に関する次の記述のうち、最も不適切なものはどれか。

1）個人向け国債は、課税時期において中途換金した場合に取扱金融機関から支払を受けることができる価額により評価する。

2）上場株式は、原則として上場されている金融商品取引所の公表する課税時期の最終価格、または課税時期の属する月以前3カ月間の毎日の最終価格の各月ごとの平均額のうち、最も高い価額によって評価する。

3）金融商品取引所に上場されている不動産投資信託は、上場株式の評価に準じて評価する。

4）金融機関の窓口で販売している証券投資信託は、課税時期の1口当たりの基準価額に所有口数を乗じた金額から解約請求等した場合の源泉徴収税額相当額、解約手数料および信託財産留保額を差し引いた額により評価する。

・解説と解答・

1）適切である。

2）不適切である。最も低い価額によって評価する。なお、課税時期の属する月に権利落ちの日があり、課税時期が株式の割当て等の基準日以前である場合、その月の最終価格の平均額は、その月の初日から権利落ちの日の前日までの毎日の最終価格の平均額とする。

3）適切である。上場不動産投資信託の受益証券は、原則として、1口ごとに評価するものとし、上場株式の評価の定めに準じて評価する。

4）適切である。

<u>正解　2）</u>

4－20　自社株の評価①

《問》次の事例における、類似業種比準価額方式によるX社株式の1株当たりの評価額として、最も適切なものはどれか。なお、計算にあたっては、各要素別比準割合および比準割合は小数点第2位未満を、1株当たり資本金等の額50円当たりの類似業種比準価額は10銭未満を、1株当たりの類似業種比準価額は円未満を、それぞれ切り捨てること。

(1)　X社の概要

①　業種：食品・飲料卸売業

②　直前期末の資本金等の額：3,000万円（発行済株式数6万株）

③　X社および類似業種の比準要素

比準要素	X社	類似業種
1株（50円）当たりの年配当金額	4.5円	4.7円
1株（50円）当たりの年利益金額	27円	25円
1株（50円）当たりの簿価純資産価額	300円	330円

④　会社規模：財産評価基本通達上の会社規模は「中会社の中」であり、特定の評価会社には該当しない。

(2)　類似業種の1株（50円）当たりの株価の状況

課税時期の属する月の平均株価　　　　　　283円
課税時期の属する月の前月の平均株価　　　284円
課税時期の属する月の前々月の平均株価　　281円
課税時期の前年の平均株価　　　　　　　　287円
課税時期の属する月以前2年間の平均株価　283円

1）1,362円

2）1,635円

3）1,670円

4）1,907円

・解説と解答・

　経営と所有が一致するような非上場会社のオーナー経営者が保有する自社株（取引相場のない株式）について、贈与や相続等に用いられる税務上の評価方法として類似業種比準価額方式と純資産価額方式がある。

　類似業種比準価額方式においては、評価会社と事業内容が類似する業種目に属する上場会社（類似業種の標本会社）の平均株価をもとに、「配当金額」「利益金額」「（簿価）純資産価額」の3つの要素から、どの程度高いか低いかを比べたうえで、評価の安全性を考慮して一定のディスカウントをして評価する。

　類似業種比準価額方式による1株当たりの評価額は、次の式により求められる。

　1株当たりの類似業種比準価額

$$= A \times \frac{\dfrac{Ⓑ}{B} + \dfrac{Ⓒ}{C} + \dfrac{Ⓓ}{D}}{3} \times 斟酌率 \times \frac{1株当たりの資本金などの額}{50円}$$

　A：類似業種の株価

　　次の5つのうち、いずれか低い価額

　　・課税時期の属する月の平均株価

　　・課税時期の属する月の前月の平均株価

　　・課税時期の属する月の前々月の平均株価

　　・課税時期の前年の平均株価

　　・課税時期の属する月以前2年間の平均株価

　B：課税時期の属する年分の類似業種の1株当たりの配当金額

　C：課税時期の属する年分の類似業種の1株当たりの年利益金額

　D：課税時期の属する年分の類似業種の1株当たりの簿価純資産価額

　Ⓑ：評価会社の直前期末及び直前々期末における1株当たりの配当金額の平均値

　Ⓒ：評価会社の直前期末以前1年間又は2年間の年平均における1株当たりの利益金額（法人税の課税所得を基礎とした金額）のいずれか低い金額

　Ⓓ：評価会社の直前期末における1株当たりの簿価純資産価額

　　※ⒷⒸⒹは、1株当たり資本金等の額を50円に換算したものを用いる。

　　※$\dfrac{\dfrac{Ⓑ}{B} + \dfrac{Ⓒ}{C} + \dfrac{Ⓓ}{D}}{3}$を比準割合という。

　斟酌率：大会社0.7、中会社0.6、小会社0.5

　したがって、

・X社1株当たりの類似業種比準価額

$$= 281円 \times \dfrac{\dfrac{4.5}{4.7} + \dfrac{27}{25} + \dfrac{300}{330}}{3} \times 0.6 \times \dfrac{3{,}000万円 \div 6万株}{50円}$$

$$= 281円 \times \dfrac{0.95 + 1.08 + 0.90}{3} \times 0.6 \times \dfrac{500円}{50円} \quad \text{（各要素別比準割合の小数点第2位未満切捨て）}$$

$= 281円 \times 0.97 \times 0.6 \times 10$ （比準割合の小数点第2位未満切捨て）

$= 1{,}635円$ （円未満切捨て）

正解　2)

＜参考＞取引相場のない株式の評価方式

　上場株式や気配相場のある株式以外の株式を「取引相場のない株式」という。事業承継対策等においては、取引相場のない株式のことを自社株ということが多い。取引相場のない株式を相続税・贈与税において評価する場合の具体的な評価方式は、下表のように定められている。

　原則的評価方式と特例的評価方式のどちらの評価方式を適用するかは、自社株を相続・遺贈・贈与等により取得した者が、その会社を支配しているか否かによって決まる。

　原則的評価方式においては、会社規模により具体的な評価方式が異なる。大会社・中会社・小会社の会社規模は、評価会社の従業員数、総資産価額、取引金額によって決まる。

　具体的な評価方式は、類似業種比準方式、純資産価額方式、併用方式、配当還元方式の4つであり、これらの評価方式の判定とは別に、総資産価額に対して一定割合以上の株式等または土地等を保有する会社等の株式については、特定の評価会社として、原則、純資産価額方式で評価する。

自社株の評価方式

株主区分	同族株主等		同族株主等以外
＼　評価方式 会社規模	原則的評価方式		特例的評価方式
	特定の評価会社	一般の評価会社	
大会社	原則として 純資産価額方式	類似業種比準方式	配当還元方式
中会社		類似業種比準方式と純資産価額方式の併用方式	
小会社		純資産価額方式 （中会社と同じ併用方式の選択可）	

（※）いずれの評価方法でも、純資産価額が低いときは純資産価額方式を採用できる。

4 −21　自社株の評価②

《問》次の事例における、2024年12月の純資産価額方式によるＸ社株式の
　　　１株当たりの評価額として、最も適切なものはどれか。
(1)　Ｘ社の概要
　　①　課税時期の発行済株式数：３万株
　　②　決算期：毎年12月決算
(2)　2024年12月におけるＸ社の総資産価額等

区分	総資産価額	負債金額
帳簿価額	３億4,000万円	7,000万円
相続税評価額	６億円	7,000万円

1)　9,000円
2)　14,200円
3)　14,460円
4)　17,666円

・解説と解答・

　純資産価額方式は、課税時期に会社を解散して会社財産を処分し清算する場
合に、払戻しがいくらあるかを算出し、これを評価額とする方式である。
　純資産価額方式による１株当たりの評価額は、次の式により求められる。

$$\text{1株あたりの純資産価額} = \frac{\text{相続税評価額による純資産価額－評価差額に対する法人税等相当額}}{\text{課税時期における発行済株式数}}$$

評価差額に対する法人税等相当額：（相続税評価額による純資産価額－帳簿
　　　　　　　　　　　　　　　　　価額による純資産価額）×37%

　本事例においては、
・Ｘ社の相続税評価額による純資産価額：
　６億円－7,000万円＝５億3,000万円
・Ｘ社の帳簿価額による純資産価額：
　３億4,000万円－7,000万円＝２億7,000万円
・Ｘ社の評価差額に対する法人税等相当額：
　（５億3,000万円－２億7,000万円）×37%＝9,620万円

したがって、

・X社1株あたりの純資産価額： $\dfrac{5億3,000万円 - 9,620万円}{3万株} = 14,460円$

正解　3)

第 5 章

相続開始後の手続

5−1 相続開始後の手続①

> 《問》死亡届等に関する次の記述のうち、最も不適切なものはどれか。
>
> 1）被相続人が死亡した場合、相続人は市区町村役場に対して、死亡の事実を知った日から7日以内に死亡診断書（死体検案書）を添付した死亡届を提出する必要がある。
> 2）死亡届の届出人は、親族や同居人等に限られるが、実際に提出する者は葬儀社などの代理人でもかまわない。
> 3）死亡届の届出地は、死亡者の住所地の市区町村役場に限られている。
> 4）死亡届の提出の際には、通常、併せて火葬（または埋葬）許可交付申請書を提出する。

・解説と解答・

1）適切である（戸籍法86条1項）。死亡届がなければ火葬許可証を受け取れず、火葬することができないため（墓地、埋葬等に関する法律5条1項、2項）、速やかに死亡届を提出する必要がある。なお、海外で死亡した場合は、死亡を知った日から3カ月以内に提出する必要がある。

2）適切である。死亡届には、届出人の記入欄があり、届出人は親族・同居人・家主・後見人等に限られるが（戸籍法87条）、提出者は代理人でもかまわない。なお、死亡届および火葬の許可を受けるための手続は、通常、葬儀社が代行してくれる。

3）不適切である。届出地は、死亡者の本籍地・届出人の所在地・死亡した場所のいずれかの市区町村役場とされている（戸籍法25条1項、88条1項）。なお、死亡者の住所地の市区町村役場は、提出窓口に含まれていない。

4）適切である。死亡届を提出すれば、その申請書の提出を不要とする市町村もある。

正解 　3）

5－2　相続開始後の手続②

> 《問》葬儀（仏式）に関する次の記述のうち、最も不適切なものはどれか。
> 1）葬儀費用は「被相続人の生前の職業柄、参列者が多い」「家族葬で済ませる」等、それぞれの事情により大きく差異が生じるが、遺族が一時的に費用を立て替えるケースが多く、自由に払出しのできる資金を確保しておくことも考えられる。
> 2）相続税額の計算上、香典返し、墓碑および墓地の買入れ費、法会（四十九日など）の費用などは、債務控除の対象とならない。
> 3）葬儀と初七日の法会を併せて行い、葬儀の費用と初七日の法会の費用を明確に分割して支払う場合、相続税額の計算上、初七日の法会の費用は、債務控除の対象とならない。
> 4）相続税額の計算上、債務控除の適用を受けるためには、相続税の申告書にその明細を記載しなければならないため、債務控除の対象となる費用の領収書を必ず受領しておく必要がある。

・解説と解答・

1）適切である。

2）適切である（相続税法基本通達13－5）。

3）適切である。初七日の法会の費用は、葬儀の費用と明確に分割されている場合、債務控除の対象とならない（相続税法基本通達13－4、13－5）。なお、明確に分割されていない場合は、全額が債務控除の対象となる。

4）不適切である。領収書がなくても、支出したことが証明できれば、債務控除の適用を受けることができる。「遺産分割協議書に葬儀費用を負担する者を記載しておくこと」「実際に支出していること」「できるだけ領収書を保管しておくこと」等、支払資金の原資を説明できるようにしておくことが肝要である。なお、過去においては、寺からお布施の領収書がもらえないことがあったが、最近では発行してもらえるケースが増えてきている。

<u>正解　4）</u>

5－3　相続開始後の手続③

《問》戸籍に関する次の記述のうち、最も不適切なものはどれか。
1）相続関係の諸手続をするためには、戸籍謄本等の収集が必要となるため、戸籍謄本等の収集は早期の着手が望ましい。
2）相続人を確定させるためには、被相続人の戸籍謄本および相続人の戸籍謄本を収集すれば十分である。
3）死亡や婚姻により戸籍から除かれることを除籍というが、全員が除かれると除籍簿として保管され、その旨は除籍全部事項証明（除籍謄本）により証明される。
4）「法定相続情報証明制度」とは、相続人が法務局（登記所）に必要な書類を提出し、登記官が内容を確認したうえで、法定相続人が誰であるのかを登記官が証明する制度である。

・解説と解答・

1）適切である。一般に、相続手続を行うためには、まずすべての相続人を明らかにする必要がある。そのため、被相続人の生まれた時（もしくは生殖能力を有すると考えられる年齢）にまで遡った戸籍（除籍）謄本の収集が必要となり、戸籍の収集は、通常、1～2カ月程度を見込んでおく必要がある。「婚姻」「転籍」「養子縁組」など、異動が多い場合（本籍地が遠方にある場合）は、その収集に時間と手間がかかるため、早期の収集を心掛けたい。なお、2024年3月1日から、本人、配偶者、直系尊属および直系卑属は、取得する戸籍に記載されている本人の本籍地以外の最寄りの市区町村の窓口でも、全国各地にある戸籍（除籍）情報を請求できるようになった（広域交付）。これにより、被相続人の戸籍の本籍地が全国各地にあっても、1カ所の市区町村の窓口でまとめて請求することが可能である。
2）不適切である。相続人を確定させるためには、通常、被相続人の出生から死亡による除籍の記載のある戸籍（除籍）謄本（下記①～③）、および相続人全員の戸籍謄本（出生時まで遡る必要はない）を揃える必要がある。なお、遺言によって、遺産のすべてについて分割方法の指定がなされ、個々の遺産を取得する相続人が明確になっている場合は、被相続人の除籍の記載のある戸籍（除籍）謄本と相続人の戸籍謄本のみで相続手続ができることがある（念のために出生時まで遡って収集するのが安全である）。

なお、下記の括弧内は、戸籍事務が電算化される前の名称である。

① 戸籍全部事項証明（戸籍謄本）

現在の戸籍に記載された全員についての証明書のことである。なお、戸籍の全部のことを謄本といい、その一部を抄本という。

② 改製原戸籍謄本（原戸籍）

「改製」前の戸籍内の全員についての謄本のことである。戸籍は、法令の改正や電算化により、その形式が変更されている。最後の戸籍謄本に「改製」の文言があれば、その変更前の「原戸籍（はらこせき・げんこせき）」を取得することで、戸籍謄本には記載されていない事項を把握することができる。

③ 除籍全部事項証明（除籍謄本）

戸籍（あるいは原戸籍）が婚姻により編成された戸籍であれば、婚姻前の父母の本籍地にある父または母が筆頭者である戸籍を取る必要がある。父・母の戸籍に入っていた子が婚姻すれば、その戸籍からは除かれる（除籍という）。子が高齢で被相続人になったときには、父・母も死亡していることがほとんどであるため、その戸籍は全員が除かれている除籍簿として管理されている。除籍謄本は、全員が除籍されていることの証明書であり、除籍されてから150年間保存される。なお、除籍謄本の保存期間は2010年の見直しにより150年間となったが、それ以前は80年間であったことから、古い除籍謄本は廃棄されている可能性がある。

（補足：戸籍の附票）

戸籍に記載された者が、その作成時から現在（除籍時）までの住所の履歴を記録したものである。戸籍に関連した重要な書類である。

3）適切である。上記2の）解説③参照。

4）適切である。「法定相続情報証明制度」（不動産登記規則247条、248条）の利用により、金融機関においては、法務局発行の「法定相続情報一覧図の写し（登記官の認証文言付き）」の提出を受けることで、その都度、戸籍謄本等を確認する負担が軽減される。一方、顧客の側では、法務局から「法定相続情報一覧図の写し（登記官の認証文言付き）」を無料で複数枚貰うことができるため、相続手続を行う金融機関や法務局が多数にのぼるような場合、それら多数の金融機関や法務局に対して並行して手続を行うことができることとなる。なお、相続人にとっては、相続手続先が少ない場合などは、従来どおり、戸籍謄本等を提出する方法により手続を行うほうが簡便である場合もある。

正解　2）

5－4　相続開始後の手続④

《問》遺言書に関する次の記述のうち、最も不適切なものはどれか。

1）公正証書遺言が作成されているかどうかが不明な場合、相続人等の利害関係者が所定の書類を準備し、最寄りの公証役場に問い合わせることにより、公正証書遺言の保管の有無と保管先の公証役場を知ることができる。

2）公正証書遺言が公証役場で保管されている場合、遺言者の死後、相続人等の利害関係者は、その保管されている公証役場に対して、その公正証書遺言の謄本を請求することができる。

3）遺言の内容が「特定の財産を特定の相続人に相続させる」ものである場合には、遺産の帰属者が具体的に明確であることから、共同相続人・受遺者による遺産分割協議を要せず、その遺言に基づき、相続財産の名義変更手続をすることができる。

4）遺言書に基づく相続財産の名義変更等の各種手続は、遺言執行者でなければできないため、遺言執行者が指定されていなければ、家庭裁判所に遺言執行者の選任を請求しなければならない。

・解説と解答・

1）適切である。1989年以降に作成された公正証書遺言であれば、日本公証人連合会において、データ管理がなされているため、公正証書遺言の保管の有無を調べることができる。ただし、相続人であっても、遺言者の生前に遺言書の有無を検索することや謄本の請求をすることはできない。

2）適切である（公証人法51条1項）。

3）適切である。なお、遺言書の内容が「相続分の指定」である場合には、個々の遺産の取得者を特定させるために、共同相続人による遺産分割協議が必要となる。

4）不適切である。遺産の名義変更等は、その遺言が特定財産承継遺言（いわゆる「相続させる」旨の遺言）の場合は、その財産を承継する相続人の単独で名義変更ができ、また、遺贈の場合は相続人全員が義務者となって名義変更手続ができる。ただし、子の認知および相続人の廃除・取消しは、遺言執行者でなければ執行することができないため（民法781条2項、893条、894条2項、戸籍法64条）、相続人は必要に応じて、家庭裁判所で遺言執行者の選任を受ける必要がある（民法1010条）。　　　　　　　正解　4）

5 − 5　相続開始後の手続⑤

《問》遺言書に関する次の記述のうち、最も不適切なものはどれか。

1) 自筆証書遺言の保管者は、相続開始後、遅滞なく、その遺言書を家庭裁判所に提出して、検認の請求をしなければならない。

2) 父親が公正証書遺言を作成している場合、推定相続人である子は、父親の生前に保管先の公証役場に対して、その謄本を請求することはできない。

3) 遺言の内容が「相続分の指定」である場合には、遺産の帰属者が具体的に明確であることから、共同相続人・受遺者による遺産分割協議を要せず、その遺言に基づき、相続財産の名義変更手続をすることができる。

4) 遺産の名義変更等は、遺言執行者でなくても執行することができるが、子の認知および相続人の廃除・取消しは、遺言執行者でなければ執行することができないため、遺言執行者がいない場合は、相続人は、家庭裁判所で遺言執行者の選任を受ける必要がある。

・解説と解答・

1) 適切である（民法1004条 1 項）。遺言書が公正証書遺言となっている場合は、家庭裁判所での検認手続を必要としない（同条 2 項）。

2) 適切である。公正証書遺言書が公証役場で保管されている場合、遺言者の死後に限り、相続人等の利害関係者は、その保管されている公証役場に対して、その公正証書遺言書の謄本を請求することができる（公証人法51条 1 項）。推定相続人であっても、遺言者の生前に遺言書の有無を検索することや謄本の請求をすることはできない。

3) 不適切である。遺言書の内容が「相続分の指定」である場合には、個々の遺産の取得者を特定させるために、共同相続人による遺産分割協議が必要となる。

4) 適切である（民法781条 2 項、893条、894条 2 項、1010条、戸籍法64条）。

正解　　3)

5－6　相続開始後の手続⑥

《問》死亡保険金の請求等に関する次の記述のうち、最も不適切なものはどれか。なお、各選択肢において、契約者（＝保険料負担者）および被保険者は被相続人とする。

1）死亡保険金を請求する際には、保険会社によって多少の相違はあるものの、被保険者の死亡記載のある住民票または戸籍謄（抄）本、死亡診断書、受取人の戸籍謄（抄）本などの書類を用意する必要がある。

2）死亡保険金受取人に指定されている相続人が相続の放棄をした場合、その者は死亡保険金を受け取ることができないため、他の相続人が死亡保険金の支払を請求し、法定相続分に応じて按分することになる。

3）死亡保険金の受取人は、遺言による変更も可能であるが、契約者の死亡後に保険証券上の受取人との間でトラブルに発展することも想定されるため、契約者が生前に受取人の変更手続をしておくことが望ましい。

4）死亡保険金の受取人に指定されていた者が被保険者よりも先に死亡していたときは、その受取人の相続人が死亡保険金の受取人となる。

・解説と解答・

1）適切である。保険会社により多少の相違はあるが、通常、本肢に記載されている書類の提出が求められる。複数の保険会社で加入している場合、必要な通数を確認し、不足がないようにしなければならない。

2）不適切である。死亡保険金の受取人が相続の放棄をしても、死亡保険金を受け取る資格がなくなるわけではない。ただし、受取人は、相続人である場合に認められている死亡保険金の非課税金額の規定（500万円×法定相続人の数）の適用を受けることができなくなる（相続税法基本通達12－8）。

3）適切である。保険法では、死亡保険金受取人の変更は遺言によってもすることができると定められている（保険法44条１項）。ただし、遺言で新しい受取人を指定したとしても、相続人から保険会社に連絡しなければ、保険会社は保険証券上の受取人の請求に基づき、死亡保険金を支払うことに

なる（同条2項）。したがって、契約者が希望する者に確実に死亡保険金を渡したい場合は、生前に受取人の変更手続をしておくことが望ましい。

4）適切である。死亡保険金受取人の相続人が均等に死亡保険金を受け取ることになるが（保険法46条）、加入している保険商品・加入時期により、その取扱いは多少の相違がある。いずれにせよ、相続人が複数いる場合は、相続人全員の署名・押印が必要となり、手間がかかるため、被保険者の生前に受取人を変更しておくことが望ましい。

正解　2)

5－7　相続開始後の手続⑦

《問》相続開始後の社会保険の手続等に関する次の記述のうち、最も不適
切なものはどれか。

1）国民健康保険の加入者が死亡したときは、市区町村役場で手続をす
ることにより、葬祭を執り行った喪主に対して、葬祭費が支給され
る。

2）全国健康保険協会管掌健康保険（協会けんぽ）の被扶養者が死亡し
たときは、被保険者に対して、家族埋葬料として10万円が支給され
る。

3）老齢基礎年金・老齢厚生年金の受給者が死亡した場合、相続人が年
金受給権者死亡届を年金事務所等に提出する必要があるが、日本年
金機構に住民票コードが収録されている場合は、その届出は原則と
して不要である。

4）相続開始時点において、未支給の年金があるときは、生計を一にす
る遺族がその未支給年金の支給を請求することができる。

・解説と解答・

1）適切である。葬祭費の支給額は、自治体によって異なる（新宿区７万円、
横浜市５万円、広島市３万円等）。葬祭費は、保険者が市町村（特別区を
含む）の場合、条例の定めるところにより支給される法定任意給付であり
（国民健康保険法58条１項）、ほとんどの保険者が実施しているが、すべて
の保険者が実施しているわけではない。手続は、申請書に葬儀に要した領
収書を添付する必要がある。なお、国民健康保険の加入者が死亡したとき
は、死亡により資格を喪失し、世帯主は資格喪失の届出を14日以内に行う
必要がある（同法施行規則12条）。また、世帯主が死亡した場合は、国民
健康保険証の書換えの手続が必要となる。

2）不適切である。協会けんぽの埋葬料は、５万円である。他方、健康保険組
合では、法定給付の５万円のほかに、付加給付が行われる場合が多い。

3）適切である。なお、企業年金を受け取っていた場合は、企業年金連合会や
厚生年金基金等に対して、手続が必要となる。

4）適切である。未支給年金は、支給を受けた遺族の一時所得の金額として、
所得税の課税対象となり、相続税の課税対象とならない。

正解　2）

5－8　相続開始後の手続⑧

> 《問》遺産の調査に関する次の記述のうち、最も不適切なものはどれか。
> 1）相続税の申告、相続の放棄および限定承認の要否を判断するために
>   も、相続人は被相続人の資産および債務について、早期に調査し、
>   その内容・時価・評価額等を把握することが望ましい。
> 2）相続開始日現在の預金の残高証明書（経過利息計算書などを含む）
>   は、相続人、遺言執行者、相続財産清算人等が預入等をしている金
>   融機関に依頼すれば、発行してくれる。
> 3）土地および建物の全部事項証明書（登記簿謄本）を取得するために
>   は、その土地および建物が所在する市区町村役場にその交付の申請
>   をする。
> 4）遺産のうち、土地の種類・地積・地形・権利関係・利用状況・評価
>   額などを調査する場合、全部事項証明書（登記簿謄本）だけではな
>   く、地積測量図または公図の写し、固定資産評価証明書、路線価図
>   の確認や、現地調査なども総合的に確認する必要がある。

・解説と解答・

1）適切である。財産全体が把握できたら、これらをまとめて財産目録を作成
   する。相続の放棄、限定承認の申述は、原則として相続開始を知った後3
   カ月以内にしなければならないため、債務が多額なときは、早期にその対
   応策を検討する必要がある。

2）適切である。預金の残高証明書（経過利息計算書などを含む）の発行を依
   頼するためには、被相続人の死亡を確認できる戸籍謄本等のほかに、通
   常、その発行依頼者が相続人等であることが確認できる戸籍謄本等、その
   者の印鑑証明書および実印などが必要になる（1通ごとに発行手数料がか
   かる）。

3）不適切である。全部事項証明書（登記簿謄本）・公図は、法務局へ申請す
   れば取得できる。この場合、登記事務の電子化によって、土地や建物の所
   在が国内のどこにあろうと、どこの法務局（本局、支局、出張所）でも取
   得できるようになった。

4）適切である。なお、調査対象の土地が貸地の場合は、併せて土地賃貸借契
   約書の内容も確認する必要がある。

正解　3）

5−9　相続開始後の手続⑨

《問》相続放棄の申述の手続等に関する次の記述のうち、最も不適切なものはどれか。

1）相続放棄の申述書の提出先は、相続放棄をする者の住所地を管轄する家庭裁判所である。

2）相続を放棄する者は、原則として、自己のために相続の開始があったことを知った時から3カ月以内に、相続放棄の申述書を家庭裁判所に提出しなければならない。

3）家庭裁判所は、相続放棄の申述書を提出した者に対し、一定の事項について、書面による照会や直接の面談を行う場合がある。

4）家庭裁判所が相続放棄の申述書を受理すると、家庭裁判所から申述者に対して、相続放棄申述受理証明書が交付される。

・解説と解答・

1）不適切である。提出先は、被相続人の死亡時における住所地を管轄する家庭裁判所である（家事事件手続法201条1項、民法883条）。

2）適切である（民法915条1項、938条）。

3）適切である。申述書の提出から受理までは、通常、1〜2カ月程度である。

4）適切である。申述者は、相続放棄申述受理証明書の写しを提出すれば、金融機関等の債権者に対して、相続放棄したことを証明することができる。

<u>正解　　1）</u>

5 － 10　相続開始後の手続⑩

《問》限定承認の申述の手続等に関する次の記述のうち、最も不適切なも
のはどれか。

1）限定承認の申述は、相続人全員でしなければならないため、共同相
続人のなかに相続放棄をした者がいる場合は、限定承認の申述をす
ることができない。
2）家庭裁判所への限定承認の申述から受理までは、通常 1 ～ 2 カ月程
度の期間を要し、限定承認の申述が受理されれば、申述者に対して
家庭裁判所から受理通知書が送付される。
3）家庭裁判所では、限定承認の申述の受理後、相続人が 2 人以上の場
合は相続財産清算人を選任する。
4）限定承認における相続財産清算人は、相続財産の管理および清算を
行い、残余財産が生じた場合は、限定承認をした相続人がこれを受
け取る。

・解説と解答・

1）不適切である。限定承認をするためには、相続人全員が共同して（民法
923条）、原則として自己のために相続の開始があったことを知った時から
3 カ月以内に家庭裁判所にその旨の申述（「家事審判申立書」を提出）を
しなければならない（同法915条 1 項）。なお、相続放棄をした者がいる場
合は、その者は相続人ではなかったものとみなされるため（同法939条）、
それ以外の共同相続人全員で申述すればよいことになる。
2）適切である。
3）適切である（民法936条 1 項）。
4）適切である。なお、相続財産清算人による相続財産の清算の結果、完済さ
れない債務が残った場合でも、限定承認した相続人は、固有財産によって
その残った債務を返済する必要はない（民法922条）。

正解　　1）

5－11　相続開始後の手続⑪

《問》準確定申告に関する次の記述のうち、最も不適切なものはどれか。

1）2024年3月5日に死亡した者が、同年1月1日から3月5日までの2024年分の所得について申告する必要がある場合には、その相続人が2024年7月5日までに準確定申告をしなければならない。

2）給与所得者が死亡した場合、その年の1月1日から死亡日までに確定した給与等を対象として、その者の勤務していた会社が死亡退職時に年末調整を行うため、原則として、準確定申告をする必要はない。

3）被相続人が確定申告を必要としない者であっても、医療費控除の適用を受けることにより、源泉所得税等の還付を受けられるときは、相続人は還付を受けるための準確定申告をすることができる。

4）準確定申告による還付税額は、還付を受ける相続人の雑所得として所得税の課税対象となる。

・解説と解答・

1）適切である。年の中途において死亡した者が、その年分（その年1月1日から死亡日までの分）の所得税と復興特別所得税について、確定申告書を提出しなければならない場合に該当するとき、相続人は、原則として、相続の開始のあったことを知った日の翌日から4カ月以内に、その年分の所得税について、準確定申告書を提出しなければならない。なお、相続の開始から4カ月後が土曜日、日曜日、祝日等の場合は、これらの日の翌日（平日）が申告期限となる。

2）適切である。なお、通常の確定申告の要件と同様に、被相続人が個人事業主、給与収入が2,000万円超の者、不動産所得などの給与以外の所得が20万円超である者等の場合は、準確定申告が必要となる。

3）適切である。還付申告の期限は、相続の開始を知った日の翌日から5年以内である（国税通則法74条1項）。なお、相続の開始を知った日の翌日から5年後が土曜日、日曜日、祝日等の場合は、これらの日の翌日（平日）が申告期限となる。

4）不適切である。準確定申告による還付税額は、相続発生後に発生するものであっても、被相続人の生存中に潜在的な請求権が相続人に帰属し、それが相続によって顕在化したものとして、相続税の課税対象となる。

正解　4）

5 － 12　相続開始後の手続⑫

> 《問》相続に関する次の記述のうち、最も不適切なものはどれか。
> 1）相続人が被相続人の妻と未成年である子の場合、未成年者である子は法律行為ができないため、妻（子の母）が子の代理人となり、遺産分割協議をする。
> 2）相続人が外国に居住している場合、住民票・印鑑証明書に代わる書類として、当地の大使館等で在留証明書や署名証明書の交付を受ける必要がある。
> 3）相続人のなかに認知症によって正常な判断能力を欠く常況にある者がいる場合、家庭裁判所で成年後見人等を選任してもらい、その者が他の相続人と遺産分割協議を行う必要がある。
> 4）法定後見制度を利用する場合には、申立ての準備期間を考慮し、一般に 3 ～ 4 カ月程度の期間を見ておくことが必要である。

・解説と解答・

1）不適切である。未成年者は制限能力者として、単独で完全な法律行為を行うことができず（民法 5 条 1 項）、親権者は未成年の子の代理権を有している（同法824条）。しかし、本肢の場合、親権者である妻は子と利益相反の関係にあり、子を代理することができないので、親権者が家庭裁判所に特別代理人選任の申立てを行い、家庭裁判所で特別代理人を選任してもらう必要がある（同法826条）。妻は選任された特別代理人との間で、遺産分割協議を行うことになる。

2）適切である。相続税の申告、相続登記等の際には、住民票や印鑑証明書が必要となるが、海外居住者である場合、通常、これらを取得することができない。そこで、それらの代替となる書類の交付を在外公館（日本大使館、総領事館）で受ける必要がある。

3）適切である。認知症の程度が軽い場合であっても、後日、遺産分割協議の無効を主張され、トラブルに発展しそうな状況があれば、成年後見制度の利用を検討する必要がある。成年後見人が選任されれば、成年後見人が成年被後見人の代理人として他の相続人とともに遺産分割協議を行うこととなる（民法859条 1 項）。また、保佐人が選任されれば、被保佐人が行う遺産分割協議に対して同意を与えなければ（同法13条 1 項 6 号）、当該遺産

分割協議は取り消しうるものとなり（同条2項）、また同様に、補助人が選任されたうえ、遺産分割協議が同意の対象となる旨の家庭裁判所の審判があれば、やはり被補助人が行う遺産分割協議に補助人が同意を与えなければ（同法17条1項）、当該遺産分割協議は取り消しうるものとなる（同条4項）。なお、親族を成年後見人の候補者に挙げていたとしても、裁判所において弁護士や司法書士等の専門家が選任されるケースがある。

4）適切である。法定後見制度の手続の流れは、以下のとおりである。

① 本人の住所地の家庭裁判所に後見開始の審判等を申立て

② 家庭裁判所の調査官による事実の調査

③ 精神鑑定

④ 審判

⑤ 審判の告知と通知

⑥ 法定後見等開始（東京法務局において登記）

一般に、①〜⑥は2〜3カ月程度で終局するケースが大半であるが、申立ての準備期間を考慮すると、3〜4カ月程度の期間を見ておく必要がある。

<u>正解　　1）</u>

5 －13　相続開始後の手続⑬

《問》遺産分割に関する次の記述のうち、最も不適切なものはどれか。
1 ）遺産分割を行う際には、遺産の評価が必要となるが、法律上、その遺産の評価時点は遺産分割時であると解されている。
2 ）遺言があっても、「長男に 3 分の 1 、長女に 3 分の 1 ……」など、相続分の指定のみがなされているときは、被相続人の各財産を相続人に帰属させるために、遺産分割協議が必要となる。
3 ）遺言書のなかで、相続人ではない弟に対して「弟に全財産の 5 分の 1 を遺贈する」と記載されていた場合でも、受遺者である弟は相続人ではないため、遺産分割協議には参加する必要はない。
4 ）遺産分割協議書は、相続手続の際に必要となるため、実印を押印して各相続人が 1 通ずつ保有するほかに、適宜の部数を作成することが望ましい。

・解説と解答・

1 ）適切である。家庭裁判所における遺産分割調停や審判においては、遺産の評価額について分割当事者全員の合意がなければ、鑑定等によって遺産分割時の評価額を算出している。
2 ）適切である。
3 ）不適切である。本肢の遺贈は包括遺贈であり、包括受遺者は相続人と同一の権利義務を有することとなる（民法990条）。そのため、包括遺贈があったときは、受遺者が遺贈の放棄をしない限り、個々の遺産を受遺者に帰属させるために、相続人でない包括受遺者も遺産分割協議に参加する必要がある。
4 ）適切である。遺産分割協議書は、相続登記（法務局）、預金の名義変更（銀行等の金融機関）、株式（証券会社等）、自動車の名義変更（陸運局）、相続税の申告（税務署）などで提出することになるため、余裕を持った部数を準備する必要がある。なお、遺産全部についての分割内容を記載した遺産分割協議書とは別に、遺産分割協議書の提出先に応じた分割協議書（例えば相続登記用に使用するのであれば、対象となる不動産のみの分割内容を記載した分割協議書）を作成することも可能である。

正解　3 ）

5－14 相続開始後の手続⑭

《問》相続税の申告等に関する次の記述のうち、最も不適切なものはどれか。

1）相続税については、通常、相続によって財産を取得した者が共同で1通の申告書を作成、署名して提出する。

2）相続税の申告書は、その相続の開始があったことを知った日の翌日から10カ月以内に、被相続人の死亡時の住所地を管轄する税務署長に提出する。

3）相続税については、所得税や法人税等と同様に電子申告ができ、すべての申告書をXML形式とPDF形式のいずれか任意の形式により提出することが認められている。

4）同一の相続に関する相続税であっても、相続人ごとに所定の納付書に自己の納付すべき税額を記載し、最寄りの金融機関等で納付を行うことが認められている。

・解説と解答・

1）適切である。相続税法上は、共同相続の場合に、相続人が共同で相続税の申告書を提出することができるとされている（相続税法27条5項）。そのため、法律の規定上は相続人が別々に作成して提出することが原則であるとも言えるが、特別な事情がない限り、共同で作成、提出した方が、各相続税の申告内容に齟齬が発生する等の問題を発生させる危険性がない上、手間がかからずに済む。

2）適切である（相続税法27条1項）。なお、相続の開始を知った日の翌日から10カ月後が土曜日、日曜日、祝日等の場合は、これらの日の翌日（平日）が提出期限となる。

3）不適切である。2019年10月以降、相続税および贈与税の申告においては、電子申告ができるようになったが、申告書のうち「納税義務等の承継に係る明細書（兼相続人の代表者指定届出書）」については、XML形式やPDF形式での提出が認められておらず、税務署に送付または持参する必要がある。また、帳票ごとに提出形式（XML形式とPDF形式のいずれか）は指定されている。

4）適切である。相続人全員が同時に一括納付する必要もなく、納付場所が異

なっていても差し支えない。また、インターネット等を利用して納付する
ことも可能である。

正解　　3)

5－15　相続開始後の手続⑮

《問》不動産の名義変更等に関する次の記述のうち、最も不適切なものは
どれか。

1）不動産の相続登記手続を司法書士に依頼する場合、その登記手続に
課せられる登録免許税の納付は、司法書士に代行してもらうことが
できる。

2）遺言書がない場合において、遺産分割後に法務局に対して相続を登
記原因とする所有権の移転登記の申請をする際には、遺産分割協議
書を添付しなければならない。

3）自筆証書遺言がある場合において、遺言の内容に従い、法務局に対
して、相続を登記原因とする所有権の移転登記の申請をする際に
は、家庭裁判所による検認済の自筆証書遺言を添付しなければなら
ない。

4）相続による不動産の名義変更のための所有権の移転登記は、その相
続に係る相続税の申告期限から3年以内にしなければならない。

・解説と解答・

1）適切である。なお、登録免許税額は、相続登記の場合「固定資産税評価額
（1,000円未満切捨て）×0.4％」（100円未満切捨て）、遺贈による登記の場
合「固定資産税評価額（1,000円未満切捨て）×2.0％」（100円未満切捨
て）となる。ただし、相続人に対する遺贈であれば、登録免許税額は「固
定資産税評価額（1,000円未満切捨て）×0.4％」（100円未満切捨て）とな
る。

2）適切である。遺産分割協議書は登記原因証明情報として、移転登記申請書
に添付する必要がある（不動産登記法61条）。

3）適切である（民法1004条1項）。

4）不適切である。2024年4月1日以降に開始した相続により不動産の所有権
を取得した者は、自己のために相続の開始があったことを知り、かつ、当
該不動産の所有権を取得したこと知った日から3年以内に相続登記の申請
をすることが義務付けられており（不動産登記法76条の2第1項）、相続
登記の申請義務に違反した場合、10万円以下の過料という罰則も設けられ
ている（同法164条1項）。なお、2024年4月1日より前に開始した相続に

よって不動産の所有権を取得した場合も申請義務化の対象となるが、猶予期間が設けられており、①2027年 3 月31日と、②自己のために相続の開始があったことを知り、かつ、当該不動産の所有権を取得したこと知った日から 3 年以内の、どちらか遅い日までに相続登記の申請を行う必要がある（同法附則 5 条 6 項）。

正解　　4)

5－16　相続開始後の手続⑯

《問》相続財産の名義変更等に関する次の記述のうち、最も不適切なもの
　　　はどれか。

1 ）預金の名義変更手続の際に必要となる書類としては、遺言の有無や
　　遺産分割協議の成立の有無等によって差異が生じるが、一般的に、
　　遺言がある場合は遺言書（自筆証書遺言の場合は遺言検認調書謄本
　　または検認済証明書）、被相続人の除籍の記載ある戸籍（除籍）謄
　　本および預金を取得する相続人の戸籍謄本、遺言がない場合は遺産分
　　割協議書、被相続人の出生から死亡までの戸籍（除籍）謄本または
　　法定相続情報一覧図の写し、相続人全員の戸籍謄本、相続人全員の
　　印鑑証明書などがある。

2 ）複数の相続手続先がある場合等には、「法定相続情報一覧図の写し
　　（認証文言付き）」を活用すると、簡単に相続関係を証明することが
　　でき、「法定相続情報一覧図の写し（認証文言付き）」は無償で複数
　　枚を入手することができることから、戸籍（除籍）謄本を利用する
　　よりも速やかに相続手続を行うことができる。

3 ）証券会社の特定口座で管理されている上場株式を相続する場合、証
　　券会社において、所定の手続により相続人名義の特定口座に振り替
　　えることができる。

4 ）名義変更等のために金融機関に提出する戸籍（除籍）謄本は、原本
　　の提出が必要であり、一度提出した原本は返還されることはない。

・解説と解答・

1 ）適切である。手続を行う金融機関や遺言の有無等により、書式や提出書類
　　には差異があるが、いずれの場合も必要書類は多岐にわたる。相続税の申
　　告、財産の評価、不動産の相続登記、預貯金、生命保険・損害保険、上場
　　株式・投資信託など、相続手続に必要な添付書類の通数をあらかじめ検討
　　し、余裕を持った準備をすることが望ましい。

2 ）適切である。なお、相続手続先が少ない場合などは、従来どおり、戸籍
　　（除籍）謄本等を提出する方法により手続を行うほうが、法務局での「法
　　定相続情報一覧図の写し（認証文言付き）」の取得手続を省けることか
　　ら、相続人にとって簡便であるとも考えられる。

3）適切である。なお、特別口座で管理されている上場株式を相続する場合
　　は、株主名簿管理人である信託銀行等において所定の手続を行う必要があ
　　る。

4）不適切である。金融機関は、提出された戸籍（除籍）謄本や印鑑証明書等
　　の原本を保管せず、その写しをとって原本を返還する扱いがほとんどであ
　　り、そうでない場合であっても、金融機関に対して、返還してほしい旨の
　　意思表示をすれば、金融機関はコピーを取ったうえで、所定の手続の終了
　　後、原本を返還してくれる。

正解　　4）

第6章

総合問題

134

6－1 相続税の総額の計算／小規模宅地等の評価減の計算①

【問】次の設例に基づいて、下記の各問に答えなさい。

　Aさんは2024年3月5日に死亡した。Aさんの親族関係図およびA
さんが所有する不動産（敷地）は、以下のとおりである。なお、各敷
地の価額は「小規模宅地等についての相続税の課税価格の計算の特
例」の適用前の金額である。

＜親族関係図＞

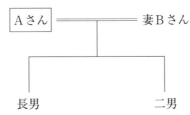

＜Aさんが所有する不動産（敷地）の概要＞
　特定居住用宅地（敷地330㎡）……5,000万円
　特定事業用宅地（敷地500㎡）……8,000万円

《問1》 Aさんの相続における、相続税の課税価格の合計額が3億円で
　　　あった場合の相続税の総額を求めなさい。

　　　＜資料＞相続税の速算表（一部抜粋）

法定相続分に応ずる取得金額		税率	控除額
万円超	万円以下		
～	1,000	10%	－
1,000 ～	3,000	15%	50万円
3,000 ～	5,000	20%	200万円
5,000 ～	10,000	30%	700万円
10,000 ～	20,000	40%	1,700万円

《問2》 Aさんの所有するすべての敷地について、相続人は「小規模宅地
　　　等についての相続税の課税価格の計算の特例」（以下、「本特例」と
　　　いう）の適用を受けることができる。本特例により、減額される金
　　　額を求めなさい（最も有利な方法を選択すること）。

・解説と解答・

《問 1 》

　本設例における法定相続人は、妻 B、長男、二男の 3 人であり、その法定相続分は妻 B：2 分の 1、長男：$1 / 2 \times 1 / 2 = 4$ 分の 1、二男：$1 / 2 \times 1 / 2 = 4$ 分の 1 となる。

　したがって、

・遺産に係る基礎控除額：3,000 万円 +（600 万円 × 3 人）＝ 4,800 万円
・課税遺産総額：3 億円 − 4,800 万円 ＝ 2 億 5,200 万円
・各法定相続人の法定相続分に応ずる相続税額
　妻 B：2 億 5,200 万円 × $1 / 2$ × 40％ − 1,700 万円 ＝ 3,340 万円
　長男：2 億 5,200 万円 × $1 / 4$ × 30％ − 700 万円 ＝ 1,190 万円
　二男：2 億 5,200 万円 × $1 / 4$ × 30％ − 700 万円 ＝ 1,190 万円
・相続税の総額：
　3,340 万円 + 1,190 万円 + 1,190 万円 ＝ 5,720 万円

〈答〉　　5,720 万円

《問 2 》

　本設例においては、適用対象に貸付事業用宅地等が含まれていないため、特定事業用宅地等は 400 ㎡まで、特定居住用宅地等は 330 ㎡まで、合計 730 ㎡まで特例を選択することができる（完全併用可能）。

　よって、本特例による、A さんが所有する不動産それぞれの減額金額は次のとおりである。

・特定居住用宅地：5,000 万円 × $\dfrac{330 ㎡}{330 ㎡}$ × 80％ ＝ 4,000 万円

・特定事業用宅地：8,000 万円 × $\dfrac{400 ㎡}{500 ㎡}$ × 80％ ＝ 5,120 万円

　したがって、

・本特例による減額金額：4,000 万円 + 5,120 万円 ＝ 9,120 万円

〈答〉　　9,120 万円

6 − 2　相続税の総額の計算／小規模宅地等の評価減の計算②

【問】次の設例に基づいて、下記の各問に答えなさい。

　　Aさんは2024年3月5日に死亡した。Aさんの親族関係図およびA
さんが所有する不動産（敷地）は、以下のとおりである。なお、各敷
地の価額は「小規模宅地等についての相続税の課税価格の計算の特
例」の適用前の金額である。

＜親族関係図＞

＜Aさんが所有する不動産（敷地）の概要＞
　自宅（敷地330㎡）　　　　　　3,000万円
　賃貸マンション（敷地300㎡）　9,000万円（貸家建付地としての評価）
　賃貸アパート（敷地200㎡）　　4,000万円（貸家建付地としての評価）

《問1》 Aさんの相続における、相続税の課税価格の合計額が3億円で
　　　あった場合の相続税の総額を求めなさい。

　　　＜資料＞相続税の速算表（一部抜粋）

法定相続分に応ずる取得金額		税率	控除額
万円超	万円以下		
〜	1,000	10%	—
1,000 〜	3,000	15%	50万円
3,000 〜	5,000	20%	200万円
5,000 〜	10,000	30%	700万円
10,000 〜	20,000	40%	1,700万円

《問2》 Aさんの所有するすべての敷地について、相続人は「小規模宅地等についての相続税の課税価格の計算の特例」（以下、「本特例」という）の適用を受けることができる。本特例により、減額される金額を求めなさい（最も有利な方法を選択すること）。

・解説と解答・

《問1》

本設例における法定相続人は、長男、二男の2人であり、その法定相続分は長男：2分の1、二男：2分の1となる。

したがって、

・遺産に係る基礎控除額：3,000万円＋（600万円×2人）＝4,200万円
・課税遺産総額：3億円－4,200万円＝2億5,800万円
・各法定相続人の法定相続分に応ずる相続税額
　長男：2億5,800万円×1／2×40％－1,700万円＝3,460万円
　二男：2億5,800万円×1／2×40％－1,700万円＝3,460万円
・相続税の総額：
　3,460万円＋3,460万円＝6,920万円

〈答〉　　6,920万円

《問2》

本設例においてAさんが所有する敷地のうち、自宅は特定居住用宅地等、賃貸マンションおよび賃貸アパートは貸付事業用宅地等に区分される。

適用対象に貸付事業用宅地等が含まれているため、本特例の適用対象面積は次の式で調整される。

$$\text{特定事業用宅地等の面積} \times \frac{200㎡}{400㎡} + \text{特定居住用宅地等の面積} \times \frac{200㎡}{330㎡} + \text{貸付事業用宅地等の面積} \leqq 200㎡ \cdots (\ast)$$

Aさんが所有する各不動産に対し、適用対象面積の上限まで本特例を適用した場合、それぞれの減額金額は次のとおりである。

・自宅　　　　　：$3,000万円 \times \dfrac{330㎡}{330㎡} \times 80\% = 2,400万円$

・賃貸マンション：$9,000万円 \times \dfrac{200㎡}{300㎡} \times 50\% = 3,000万円$

・賃貸アパート　：4,000万円 $\times \dfrac{200\text{m}^2}{200\text{m}^2} \times 50\% = 2,000$万円

　したがって、本設例の場合、賃貸マンションの敷地に適用したときが、最も減額幅が大きくなる（このとき、（＊）式の調整により、自宅および賃貸アパートの敷地に本特例を適用することはできない）。

〈答〉　　3,000万円

6－3　退職手当金と弔慰金

【問】次の設例に基づいて、下記の各問に答えなさい。

　　Hさんは、2024年6月に病死した。その後、Hさんの遺族は、Hさんが社長をしていた乙社から、次のとおり退職手当金等を受け取った。

(1)　乙社から受け取った退職手当金等

支給内容	受給金額	受給者
死亡退職金	4,000万円	妻Y
特別功労金	800万円	妻Y
弔　慰　金	800万円	長男A

(2)　被相続人Hさんの相続人は、妻Y、長男A、長女B、二女Cの4人であるが、このうち二女Cは相続放棄の手続を行った。

(3)　Hさんの死因は、乙社における業務と直接の因果関係はない。なお、Hさんは、死亡直前において月額100万円の役員給与を受給していた。

(4)　死亡退職金および特別功労金は、乙社の役員退職金規定に基づき、決定支給されたものである。

《問1》設例における、相続税額の計算上の、退職手当金等の非課税限度額として、最も適切なものを選びなさい。
　1)　　500万円
　2)　1,000万円
　3)　1,500万円
　4)　2,000万円

《問2》退職手当金等のうち、各相続人の相続税の課税価格に算入される金額として、最も適切なものを選びなさい。
　1)　妻Y：1,920万円　　　長男A：　80万円
　2)　妻Y：2,800万円　　　長男A：　　0円
　3)　妻Y：2,880万円　　　長男A：120万円
　4)　妻Y：3,800万円　　　長男A：　　0円

・解説と解答・

《問1》

退職手当金等の非課税限度額の計算は、次の算式による。

500万円×法定相続人の数＝非課税限度額

この法定相続人の数は、遺産に係る基礎控除の額を計算する場合の相続人の数と同じで、相続の放棄があっても、放棄がなかったものとして計算する。

本設例では、相続人は妻Y、長男A、長女B、二女Cの4人であるため、非課税限度額は、

500万円×4人＝2,000万円

正解　4)

《問2》

被相続人の死亡と業務に因果関係がない場合、被相続人の死亡により支給される弔慰金のうち、被相続人の死亡当時の給与の半年分に相当する額を超えた金額は、実質、退職手当金等に該当すると認められ、相続税の課税対象となる。

・相続税の課税対象となる弔慰金の金額：

800万円－（100万円×6カ月）＝200万円

・課税対象となる退職手当金等の金額

妻Y　：4,000万円＋800万円＝4,800万円

長男A：200万円（上記「相続税の課税対象となる弔慰金の金額」参照）

・非課税となる退職手当金等の金額：

2,000万円（上記《問1》の解説参照）

また、各相続人の非課税金額は、退職手当金等の非課税限度額を各相続人が取得した退職手当金等の割合に応じて按分した金額となる。

・各相続人の非課税金額

妻Y　：$2,000万円 \times \dfrac{4,800万円}{(4,800万円＋200万円)} ＝ 1,920万円$

長男A：$2,000万円 \times \dfrac{200万円}{(4,800万円＋200万円)} ＝ 80万円$

・各相続人の課税価格に算入される金額

妻Y　：4,800万円－1,920万円＝2,880万円

長男A：200万円－80万円＝120万円

正解　3)

6 - 4 配偶者に対する相続税額の軽減①

【問】次の設例に基づいて、下記の各問に答えなさい。

2024年 5 月に死亡したAさんの相続人は、妻B、長女C、普通養子Dの 3 人である。相続財産を相続人の協議により分割した結果、各人の相続税の課税価格は下記〈資料〉のとおりとなった。なお、Aさんおよびその親族は全員日本国籍で、かつ日本国内に住所を有し、その財産はすべて日本国内に所在する。

〈資料〉

相続人	相続財産（①）	債務等の金額（②）	課税価格（①-②）
B	3 億3,200万円	9,200万円	2 億4,000万円
C	8,400万円	400万円	8,000万円
D	8,400万円	400万円	8,000万円
計	5 億円	1 億円	4 億円

※上記以外の条件は考慮せず、各問に従うこと。

《問 1 》設例における各相続人の法定相続分として、最も適切なものを選びなさい。
 1 ）妻B：3 分の 1 、長女C：3 分の 1 、普通養子D：3 分の 1
 2 ）妻B：2 分の 1 、長女C：4 分の 1 、普通養子D：4 分の 1
 3 ）妻B：2 分の 1 、長女C：3 分の 1 、普通養子D：6 分の 1
 4 ）妻B：3 分の 2 、長女C：6 分の 1 、普通養子D：6 分の 1

《問 2 》設例における相続税の総額は9,220万円となる。妻Bが「配偶者に対する相続税額の軽減」の適用を受けた場合の、税額軽減の額として、最も適切なものを選びなさい。
 1 ）4,610万円
 2 ）5,265万円
 3 ）5,340万円
 4 ）5,532万円

・解説と解答・

《問1》

　相続人が子と配偶者である場合の法定相続分は、配偶者：2分の1、子：2分の1であり、子が複数のときはその2分の1を均等に按分することになる。なお、実子と養子の相続分は同一である。

　したがって、本設例における各相続人の法定相続分は、妻B：2分の1、長女C：1／2×1／2＝4分の1、普通養子D：1／2×1／2＝4分の1となる。

正解　　2)

《問2》

　「配偶者に対する相続税額の軽減」の適用を受けた場合、その相続税の軽減額は次のように計算することができる。

$$配偶者の相続税の軽減額＝相続税の総額×\frac{イ、ロのうちいずれか少ない金額}{相続税の課税価格の合計額}$$

　イ：配偶者の法定相続分に応ずる取得金額（相続税の課税価格の合計額×法定相続分）と1億6,000万円のうちいずれか多い金額

　ロ：配偶者の取得した財産の価額

　本設例においては、

・課税価格の合計額：4億円

・相続税の総額：9,220万円

・イ妻Bの法定相続分に応ずる取得金額（4億円×1／2＝2億円）と1億6,000万円のうちいずれか多い金額　→　2億円

・ロ妻Bの取得した財産の価額：2億4,000万円

・イ、ロのうちいずれか少ない金額　→　2億円

　したがって、

・妻Bの相続税の軽減額：$9,220万円×\dfrac{2億円}{4億円}＝4,610万円$

正解　　1)

＜参考＞設例における相続税の総額および各相続人の算出税額の計算

⑴　相続税の総額

・課税価格の合計額： 4 億円

・課税遺産総額＝課税価格の合計額－遺産に係る基礎控除額

$$= 4 億円－(3,000万円＋600万円 \times 3 人)＝ 3 億5,200万円$$

・各相続人の法定相続分に応ずる取得金額

妻 B　　　　： 3 億5,200万円 $\times 1 ／ 2 ＝ 1$ 億7,600万円

長女 C　　　： 3 億5,200万円 $\times 1 ／ 4 ＝8,800$ 万円

普通養子 D： 3 億5,200万円 $\times 1 ／ 4 ＝8,800$ 万円

・各相続人の法定相続分に応ずる相続税額

妻 B　　　　： 1 億7,600万円×40％－1,700万円＝5,340万円

長女 C　　　：8,800万円×30％－700万円＝1,940万円

普通養子 D：8,800万円×30％－700万円＝1,940万円

・相続税の総額：

5,340万円＋1,940万円＋1,940万円＝9,220万円

⑵　各相続人の算出税額

妻 B　　　　：$9,220万円 \times \dfrac{2 億4,000万円}{4 億円}＝5,532万円$

長女 C　　　：$9,220万円 \times \dfrac{8,000万円}{4 億円}＝1,844万円$

普通養子 D：$9,220万円 \times \dfrac{8,000万円}{4 億円}＝1,844万円$

6－5　配偶者に対する相続税額の軽減②

【問】次の設例に基づいて、下記の各問に答えなさい。

　Aさんは2024年3月1日に死亡した。Aさんの親族関係図は以下のとおりである。Aさんは長男Cさんの配偶者Eさんと1989年2月に養子縁組している。

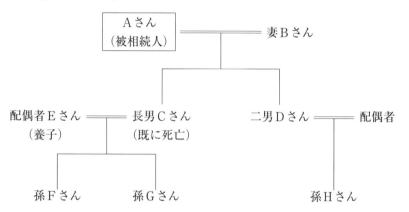

＜Aさんの主な所有財産（相続税評価額）＞

　・預貯金　　：2億8,000万円
　・自宅の土地：　3,600万円
　・自宅の建物：　2,400万円
　・雑種地　　：　8,000万円
　　合計　　　：4億2,000万円

※土地は「小規模宅地等についての相続税の課税価格の計算の特例」の適用前の金額である。

　　　　＜資料＞相続税の速算表（一部抜粋）

法定相続分に応ずる取得金額		税率	控除額
万円超	万円以下		
	～　　1,000	10%	－
1,000	～　　3,000	15%	50万円
3,000	～　　5,000	20%	200万円
5,000	～　10,000	30%	700万円
10,000	～　20,000	40%	1,700万円

《問１》 Aさんの相続における課税価格の合計額が４億2,000万円であった
　　　　場合の相続税の総額として、最も適切なものを選びなさい。
　1）8,300万円
　2）8,500万円
　3）9,010万円
　4）9,920万円

《問２》 妻Bさんが取得する相続財産の課税価格が３億1,500万円であった
　　　　場合、妻Bさんの納付すべき相続税額（「配偶者に対する相続税額の
　　　　軽減」の適用後の金額）として、最も適切なものを選びなさい。
　1）０円（なし）
　2）2,125万円
　3）3,137万円
　4）4,500万円

・解説と解答・

《問１》

　本設例における法定相続人は、妻B、二男D、養子E、および長男Cの代
襲相続人である孫F、孫Gの５人であり、その法定相続分は、妻B：２分の
１、二男D：６分の１、養子E：６分の１、孫F：12分の１、孫G：12分の１
となる。
・遺産に係る基礎控除額：3,000万円＋（600万円×５人）＝6,000万円
・課税遺産総額：４億2,000万円－6,000万円＝３億6,000万円
・各相続人の法定相続分に応ずる取得金額
　妻B　　：３億6,000万円×１／２＝１億8,000万円
　二男D：３億6,000万円×１／６＝6,000万円
　養子E：３億6,000万円×１／６＝6,000万円
　孫F　　：３億6,000万円×１／12＝3,000万円
　孫G　　：３億6,000万円×１／12＝3,000万円
・各相続人の法定相続分に応ずる相続税額
　妻B　　：１億8,000万円×40％－1,700万円＝5,500万円
　二男D：6,000万円×30％－700万円＝1,100万円
　養子E：6,000万円×30％－700万円＝1,100万円

　　孫F　　：3,000万円×15％－50万円＝400万円
　　孫G　　：3,000万円×15％－50万円＝400万円
・相続税の総額：
　　5,500万円＋1,100万円＋1,100万円＋400万円＋400万円＝8,500万円

正解　　2）

《問2》

・課税価格の合計額：4億2,000万円
・相続税の総額：8,500万円
・㋑妻Bの法定相続分に応ずる取得金額（4億2,000万円×1／2＝2億1,000万円）と1億6,000万円のうちいずれか多い金額　→　2億1,000万円
・㋺妻Bの取得した財産の価額：3億1,500万円
・㋑、㋺のうちいずれか少ない金額　→　2億1,000万円
　したがって、

・妻Bの相続税の軽減額：$8,500万円 \times \dfrac{2億1,000万円}{4億2,000万円} = 4,250万円$

・妻Bの算出相続税額：$8,500万円 \times \dfrac{3億1,500万円}{4億2,000万円} = 6,375万円$

・妻Bの納付すべき相続税額：6,375万円－4,250万円＝2,125万円
　（6－4　配偶者に対する相続税額の軽減①《問2》の解説も合わせて参照）

正解　　2）

6－6 相続対策の手順①

【問】次の設例に基づいて、下記の各問に答えなさい。
　　Aさんは、将来の相続対策について検討している。Aさんの親族関係図は、以下のとおりである。なお、Aさん死亡時を1次相続、妻Bさん死亡時を2次相続とする。

＜親族関係図＞

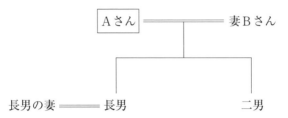

《問1》 Aさんの相続に関する次の記述のうち、適切なものをすべて選びなさい。
1）現時点で相続が発生した場合の相続税額の試算等を行って、「遺産分割対策」「納税資金対策」「相続税額の軽減対策（相続税評価額の引下げ）」について、バランスよく検討する必要がある。
2）Aさんに対する相続対策を講じる際には、妻Bさんの固有財産についても把握する必要があり、その結果として、1次相続開始時には妻Bさんではなく、長男・二男に相続財産の大半を相続させてしまうほうが望ましいケースも考えられる。
3）Aさんおよび妻Bさんの相続開始前に長男が死亡していた場合、相続対策の観点から、長男の妻をAさんおよび妻Bさんの普通養子にしておく必要がある。

《問2》 Aさんの相続に関する次の記述のうち、適切なものをすべて選びなさい。なお、各選択肢における敷地の価額は「小規模宅地等についての相続税の課税価格の計算の特例」の相続税評価額である。
1）Aさんの相続財産が自宅1,500万円（敷地：300㎡・1,000万円、建物：500万円）および預貯金7,500万円の場合、「相続税額の軽減対策」として生前贈与の実行、生命保険の加入について検討すべきである。

2）Aさんの相続財産が自宅3,500万円（敷地：300㎡・3,000万円、建物：500万円）と預貯金500万円の場合、相続税の申告および納税は不要となるが、Aさんと同居する長男が、自宅を単独で相続しようとすれば、二男との間で遺産分割協議が円滑に進まないおそれがある。

3）Aさんの相続財産が自宅6,000万円（敷地：300㎡・5,000万円、建物：1,000万円）と預貯金500万円の場合、「小規模宅地等についての相続税の課税価格の計算の特例」の適用を受けることで、相続税の申告および納税が不要となるため、その特例の適用可否を確認する必要がある。

●解説と解答●

《問1》

1）適切である。相続対策の目標は「相続税額の軽減」ではなく、遺産が大切な家族に円滑に承継されることにあり、相談者の思い描く遺産分割案を確実に実行できるような「遺産分割対策」を考えることが優先される。次に、相続税の申告時に税額を一括納付する必要があるため、税額に対して金融資産が少ないのであれば「納税資金対策」が必要になるであろうし、「相続税額の軽減対策」が図れるのであれば、その策を実行することが求められる。

2）適切である。1次相続時に、相続財産の大半を妻Bさんに相続させたとしても、「配偶者に対する相続税額の軽減」「小規模宅地等についての相続税の課税価格の計算の特例」を適用すれば、相続税額の負担が軽くて済むというケースは多い。しかし、2次相続が発生したときは、1次相続時に相続した財産に妻Bさんの固有資産（妻がその親から相続した財産を含む）が加わり、多額の相続税の負担となる可能性があるため、「夫死亡（1次相続）＝妻に相続させる」ことが、必ずしも有利であるとは限らない。

3）不適切である。普通養子が1人いることで、遺産に係る基礎控除額、死亡保険金の非課税金額、相続税の総額の計算（適用される相続税率が低下する）において、相続税額を軽減する効果はある。しかし、長男の妻を養子にしたことについて、二男が知らされていなかった、または不満に持っている場合は、円滑な遺産分割ができないおそれが懸念される。養子縁組については、税金対策面だけでなく、多方面からの慎重な検討が必要であ

る。

正解　1)・2)

《問2》

1）適切である。本肢の場合、預貯金が潤沢であるため、「納税資金対策」は不要である。また、自宅の評価額が低く、「小規模宅地等についての相続税の課税価格の計算の特例」の適用による効果は低い。なお、「相続税額の軽減対策」として、暦年贈与の方法を使用する場合も、控除の範囲内等の少額の贈与を複数年にわたって行う場合には、贈与者の健康状態等の見極めが必要となる。また、一度に多額の暦年贈与を行う場合には、相続税と贈与税の各限界税率や実効税率に基づき個別のシミュレーションを行う等して、相続税単体としての税額よりも、当該贈与によって、相続税額と贈与税額の全体としての税額が低減される範囲を確認した上で生前贈与の額を検討したり、生命保険の加入（非課税枠の活用）を検討する必要がある。

2）適切である。設例の場合、遺産に係る基礎控除額は4,800万円（＝3,000万円＋600万円×3人）であり、本肢における相続財産価額合計を上回るため、「納税資金対策」および「相続税額の軽減対策」は必要ない。しかし、長男が自宅を単独で相続した場合、二男が預貯金全額を相続したとしても、相続財産の分割に不公平が生じ、兄弟間の争いに発展するおそれがあるため、「遺産分割対策」は必要となる。二男に対する代償金の準備等、円滑な遺産分割に向けた対策が必要となる。

3）不適切である。納税の有無に関係なく、「小規模宅地等についての相続税の課税価格の計算の特例」の適用を受けるためには申告が必要である。適用が難しい場合は、ある程度の納税資金を準備するとともに、遺産分割対策を講じる必要がある。

正解　1)・2)

6－7 相続対策の手順②

【問】次の設例に基づいて、下記の各問に答えなさい。

　　Aさんは、将来の相続対策について検討している。Aさんの親族関係図は、以下のとおりである。なお、Aさんと妻Bさんは、Aさんが土地・建物を所有する自宅に居住しており、長男Cさん一家、二男Dさん一家は、ともに離れて暮らしている。また、Aさん死亡時を1次相続、妻Bさん死亡時を2次相続とする。

＜親族関係図＞

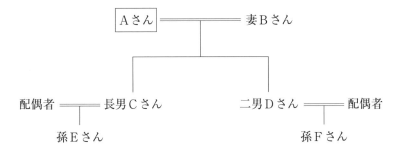

《問1》 Aさんの相続に関する次の記述のうち、適切なものをすべて選びなさい。

1）1次相続と2次相続における相続税負担を比較した場合、一般に、2次相続は、「配偶者に対する相続税額の軽減」の適用を受けることができないため、多額の相続税が課せられるおそれがある。

2）1次相続および2次相続の合計で相続税額が最も少なくなるようにするためには、相続財産の多寡にかかわらず、1次相続時に妻Bさんが相続財産の大半を相続することが望ましい。

3）2次相続のことや、妻Bさんの将来の住居の確保を考えて、Aさんが遺言で妻Bさんに対して、自宅建物について配偶者居住権を遺贈するとともに、預貯金のかなりの部分を相続させることとし、また、長男Cさん・二男Dさんには、自宅の土地・建物を均等に共有で相続させることとする方法も、相続対策として有効である。

《問2》 Aさんの相続に関する次の記述のうち、適切なものをすべて選び
なさい。

1）孫Eさんを普通養子にした場合、遺産に係る基礎控除額、死亡保険
　金の非課税金額、相続税の総額の計算において、相続税額を軽減す
　る効果がある。

2）孫Eさんおよび孫Fさんを普通養子とした場合、遺産に係る基礎控
　除額や死亡保険金の非課税金額の計算上、法定相続人の数に含まれ
　る普通養子の数は1人となる。

3）1次相続時において、妻Bさんの年齢が比較的若い場合は、妻Bさ
　んの固有の収入・財産等を考慮しつつ、老後の生活資金等の安定を
　図るため、自宅・預貯金を優先的に相続させることが重要である。

解説と解答

《問1》

1）適切である。夫が多くの財産を有する場合、夫が先に死亡したとしても、
　「配偶者に対する相続税額の軽減」の適用を受けることで、相続税額の負
　担を軽減でき、2次相続に備える時間を確保することも可能となる。しか
　し、1次相続において、妻Bさんが、「配偶者に対する相続税額の軽減」
　措置の限度額一杯まで相続財産を取得した場合、2次相続においてその妻
　Bさんの遺産額が増加した上、その時点では配偶者であったAさんが既に
　死亡しているため、「配偶者に対する相続税額の軽減」の適用を受けるこ
　とはできないこととなり、1次相続と2次相続の全体としての相続税額が
　増加する可能性が生じる。そのため、相続税額の軽減対策として慎重な検
　討が必要となる。

2）不適切である。1次相続時に、相続財産の大半を妻Bさんに相続させたと
　しても、「配偶者に対する相続税額の軽減」を適用すれば、相続税額の負
　担が軽くて済むというケースが多い。しかし、2次相続の発生時期が早い
　可能性が高い、妻の固有財産が多いケースなどは、「配偶者に対する相続
　税額の軽減」を最大限適用しないほうが有利となる場合がある。

3）不適切である。Aさんが妻Bさんの将来の生活を考えて、配偶者居住権を
　遺贈すれば（民法1028条1項2号）、Bさんの生活の本拠が確保されると
　ともに、預貯金の相続によって、生活資金も確保できることとなる。しか
　し、その自宅の土地・建物について、兄弟の共有とする遺言書を作成する

ことで、Bさんの配偶者居住権による建物の使用が終了した後、一方は売却をもう一方は自己使用や第三者への賃貸を希望するような意見の相違があった際に兄弟間で争いが発生する可能性がある。一般的には不動産の相続において共有は避けるべきである。

正解　　1）

《問2》

1）適切である。ただし、孫Eさんを普通養子にしたことについて、二男側が知らされていなかった、または不満に持っている場合、円滑な遺産分割が難しくなる懸念が生じる。養子縁組については、税金対策面だけでなく、多方面からの慎重な検討が必要である。

2）適切である。設例においては、被相続人に実子がいるため、相続税の計算においては、普通養子は1人までしか法定相続人の数に含めることができない（相続税法15条2項1号）。

3）適切である。

正解　　1）・2）・3）

6－8　遺産分割対策①

【問】次の設例に基づいて、下記の各問に答えなさい。

　　　Aさんの親族関係図は、以下のとおりである。Aさんは、父親から相続した自宅で妻Bさんと暮らしているが、自身および妻Bさんの死亡後は自宅を長男Cさんに引き継がせたいと思っている。

＜親族関係図＞

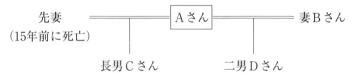

《問1》Aさんの相続に係る遺言に関する次の記述のうち、適切なものをすべて選びなさい。

1）被相続人に先妻の子や後妻がいるなど、親族関係が複雑である場合、遺産分割での争いを未然に防ぐためにも、相続人の生活や考え方等、さらには遺留分をも勘案して、適切な内容の遺言書の作成が望まれる。

2）Aさんが自宅を将来的に長男Cさんに引き継がせたい場合、2次相続（妻Bさんの死亡）以降の承継先を長男Cさんに指定した遺言書の作成が望まれる。

3）遺言は死亡後の財産の帰属先を自分の意思で反映させることができるが、すべての相続人が納得するものであるとは限らないため、遺言書に「付言事項」を記載することにより、円滑な遺言内容の実現を促すことができる。

《問2》自筆証書遺言に関する次の記述のうち、適切なものをすべて選びなさい。

1）Aさんが一筆の土地に2つの家を所有している場合、自筆証書遺言に「自宅とその土地を長男Cに相続させ、貸家とその土地を二男Dに相続させる」と記載してあった場合、それぞれの土地の範囲が特定されず、遺言のみをもって相続登記することができない。

2）Aさんが自筆証書遺言に「金融資産を長男Cに相続させ、その他の資産は二男Dに相続させる」と記載する場合、どの資産が金融資産

154

に該当するか不明確になり、相続人間で争いが起こる可能性がある。
3）Aさんが自筆証書遺言に「東京都世田谷区○○町1－1の土地を長
　　男Cに相続させる」と記載する場合、普段利用している住居表示を
　　記載することが望ましい。

・解説と解答・

《問1》

1）適切である。実務的には、遺産分割での争いを防ぐ方法として、遺言書の
　作成に加え、生前から、各推定相続人に対し遺言の内容と趣旨を説明し、
　遺言書の内容について理解を得ておくことも考えられる。
2）不適切である。遺言は1次相続において、自分の財産を引き継がせること
　までしか指定できない。自宅をどうしても長男Cさんに引き継がせたい一
　方で、Aさん死後の妻Bさんの居住場所の確保も考えるならば、妻Bさん
　に配偶者居住権を遺贈するか（民法1028条1項2号）、妻Bさんの住居を
　別に確保したうえで1次相続において自宅を長男Cさんに相続させるか、
　あるいは家族信託を利用したスキームを検討する必要がある（妻Bさんが
　Aさんの相続により自宅を取得した場合において、その後、妻Bさんが自
　宅を長男Cさんに遺贈させる旨の遺言書を作成する保証はどこにもない）。
3）適切である。付言事項とは、法律的には法的効力を有するものではない
　が、遺言の趣旨、相続人（家族）への感謝の言葉、遺言を書いた気持ち・
　願いなどを付け加えることである。付言事項があれば、被相続人がどのよ
　うな気持ちで遺言を残したか、相続人の理解が深まる効果がある。ただ
　し、遺言本文の内容に影響を及ぼすような事項を記載すると、遺言本文の
　解釈について新たな争いを招くおそれもあるため、記載する内容には注意
　が必要である。

正解　　1）・3）

《問2》

1）適切である。自宅の敷地と貸家の敷地が特定できない場合、土地について
　は遺産分割協議をする必要がある。生前に分筆などをしたうえで、遺言を
　準備することが望ましい。
2）適切である。他方、「○○銀行△△支店　普通口座　口座番号：1234567を
　長男Cに相続させる」と記載した場合、誤記があった場合や、遺言作成後

に変更があった場合、対象財産が存在しないとして、長男Cさんは当該預金口座の預金債権を相続できないこととなる。

3）不適切である。一般的に利用される住居表示と登記簿上の所在、地番等は異なることが多い。遺言書には、登記事項証明書に記載されている所在、地番等を記載する。遺言書の記載に不備・不足・不明瞭な点があると、結果的に遺言どおりとなる場合であっても、無用な時間と費用がかかり、無駄な労力を費やすことになる。

<u>正解</u>　1）・2）

6－9　遺産分割対策②

【問】次の設例に基づいて、下記の各問に答えなさい。

　　Aさんの親族関係図は、以下のとおりである。Aさん（65歳）は、
　妻Bさん（63歳）との2人暮らしである。Aさんは、現在、妻Bさん
　に財産のすべてを相続させようと、遺言書の作成を考えている（Aさ
　ん夫妻に子はいない）。他方、姪C子（45歳）に多少の財産を残してや
　りたいという気持ちもある。

＜親族関係図＞

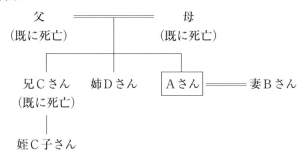

《問1》Aさんの相続に係る遺言や遺留分等に関する次の記述のうち、適
　　切なものをすべて選びなさい。
　1）姉Dさんの法定相続分は、6分の1である。
　2）被相続人の兄弟姉妹には遺留分がないため、遺言書の作成により全
　　財産を妻Bさんに相続させることが可能である。
　3）姪C子さんは代襲相続人となることが認められており、仮にAさん
　　の相続開始前に姪C子さんが死亡している場合は、その子が代襲相
　　続人になる。

《問2》自筆証書遺言に関する次の記述のうち、適切なものをすべて選び
　　なさい。
　1）自筆証書遺言を作成する際には、相続開始後に遺言の内容がスムー
　　ズに実現するように、遺言の文言を明瞭に記載しておく必要がある。
　2）自筆証書遺言を作成した日付を「2024年3月吉日」と記載した場
　　合、日付の記載要件を欠くものとして、無効となる可能性がある。
　3）作成済みの自筆証書遺言の余白に「300万円を姪のC子に遺贈する」

と加筆しただけで、加筆した旨の付記や署名、捺印がない場合、加
筆部分はなかったものとして扱われる。

・解説と解答・

《問1》

1）不適切である。法定相続人が配偶者および兄弟姉妹の場合、配偶者の法定
相続分は4分の3、兄弟姉妹の法定相続分は4分の1である（民法900条
3号）。したがって、姪C子さん（兄Cさんの代襲相続人）および姉Dさ
んの法定相続分は、それぞれ1／4×1／2＝8分の1である（同法900
条4号、901条1項）。

2）適切である。なお、Aさんが先祖代々の土地等を取得しているなどの事情
がある場合、兄Cさん（姪C子さん）および姉Dさんから不満が噴出し、
親族関係が悪化する可能性があるため、Aが遺言をするに際しては、将来
を見通した細心の注意が必要となる。

3）不適切である。代襲相続人になれるのは、兄弟姉妹の子だけに限られてい
る（その次の世代は、代襲相続人になれない。民法889条2項は、887条2
項のみを準用し、同条3項を準用していない）。

<u>正解　2）</u>

《問2》

1）適切である。遺言書の文言が不明確であるがゆえに、相続人間で無用なト
ラブルに発展するという本末転倒な事態にならないように遺言書を作成す
る。

2）適切である。自筆証書遺言は、遺言者がその全文、日付および氏名のすべ
てを自書し、これに押印する方式で作成されるものである（民法968条1
項）。日付が不明瞭であると、遺言により不利益を被る相続人（相続財産
の取得割合が低い・目的の資産が取得できなかった等）から、遺言の無効
を主張され、相続争いに発展するおそれがある（「吉日」との表記が日付
の記載を欠くものとして、無効となった判例がある（最判昭54.5.31金法
899号43頁））。

3）適切である。自筆証書中の加除その他の変更は、遺言者が、その場所を指
示し、これを変更した旨を付記して特にこれに署名し、かつ、その変更の
場所に印を押さなければ、その効力を生じない（民法968条3項）。つま

り、加筆した箇所に別途、署名・押印し、変更した旨を付記しておかなければ、効力が生じないことになる。加筆をしたい場合は、遺言書を書き直すことが賢明であろう。

正解　1)・2)・3)

6-10　遺産分割対策③

【問】次の設例に基づいて、下記の各問に答えなさい。

　2024年3月5日に死亡したAさんの親族関係図は、以下のとおりである。長男と二男は、日頃から折り合いが悪く、この10年、兄弟2人が仲良く会話等をしている姿を見ることはない。妻Bさんは、遺産分割で争いが生じるのではないかと不安を感じている。なお、Aさんは生前に遺言書を作成していない。

＜親族関係図＞

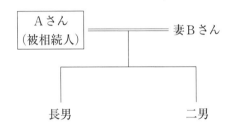

《問1》**遺産分割協議に関する次の記述のうち、適切なものをすべて選びなさい。**

1）遺産分割協議書を作成するには、相続人全員が集まり、自筆で署名する必要があるが、全員が集まることが難しい場合は、1人の相続人が遺産分割協議書を作成し、郵送等の持ち回り方式により、全員の署名・押印を集めることもできる。

2）遺産分割協議において、戸籍上判明している相続人を除外して分割協議がなされた場合、その遺産分割協議は無効となる。

3）仮に、遺産分割協議後に、相続分の指定がなされている遺言の存在が判明した場合であっても、共同相続人全員が遺言の内容を知ったうえで、遺産分割協議の内容に合意すれば、遺産分割協議の内容を優先することができる。

《問2》**遺産分割協議に関する次の記述のうち、適切なものをすべて選びなさい。**

1）長男と二男の間で争いが起き、相続税の申告期限までに遺産分割協議が調わない場合、その後に遺産分割がなされたとしても、「配偶者に対する相続税額の軽減」および「小規模宅地等についての相続税

の課税価格の計算の特例」の適用を受けることはできない。

2）相続税の申告期限までに相続人間で遺産分割協議が調わない場合、「配偶者に対する相続税額の軽減」および「小規模宅地等についての相続税の課税価格の計算の特例」の適用前の課税遺産総額を法定相続分に従って相続したものとして計算した相続税を納付しなければならないため、納税資金が不足するおそれがある。

3）有効な遺産分割協議が成立した後のやり直しによる再配分は、遺産分割による取得とは認められず、原則として、贈与があったものとして贈与税の課税対象となる。

● 解説と解答 ●

《問1》

1）適切である。遺産分割協議書の作成方法や形式についての規定はなく、相続人の誰がどの財産を相続するかが明確に記載されていれば足りる。そのため、本肢のような持ち回りの方式以外にも、相続人の数だけの複数の同内容の書面を作成し、1枚に1人の相続人が署名・押印して、相続人全員が個別の遺産分割協議書に署名・捺印して、同内容の複数の書面を一体として遺産分割協議書とする方式もありうる。なお、相続手続においては、書面としての遺産分割協議書の作成が法律上義務付けられている訳ではないが、遺産がどのように分割されたかを確認するために、遺産分割協議書が必要となるケースが多い。

2）適切である。遺産分割協議は全員で行う必要がある。

3）適切である。法律上は、遺言による相続分の指定や遺産分割方法の指定等が、遺産分割協議に対して優先することになるが、実際上、相続人全員の同意があれば、遺言と異なる内容での遺産分割協議は可能である。ただし、相続分の指定が存在することが判明し、このような遺言があることを知っていれば、当初のような分割協議をすることがなかったと考えられるような場合には、その遺産分割協議が錯誤により取り消される可能性がある（民法95条1項）。

<u>正解　　1）・2）・3）</u>

《問2》

1）不適切である。相続税の申告時に、未分割の財産について「配偶者に対す

る相続税額の軽減」や「小規模宅地等についての相続税の課税価格の計算の特例」の適用を受けることはできない。ただし、相続税の申告の際に「申告期限後3年以内の分割見込書」を提出し、申告期限後3年以内に遺産分割協議が成立した場合は、分割の日の翌日から4カ月以内に更生の請求を行い、「配偶者に対する相続税額の軽減」および「小規模宅地等についての相続税の課税価格の計算の特例」の適用を受けることができる（国税庁タックスアンサーNo.4208）。

2）適切である。「配偶者に対する相続税額の軽減」や「小規模宅地等についての相続税の課税価格の計算の特例」の適用を受けられなかった場合のデメリットは大きい。

3）適切である。既に成立した遺産分割協議が、錯誤等の瑕疵があって法的に無効であれば、遺産分割協議自体をやり直しても課税上の問題は発生しない。しかし、瑕疵もなく、いったん有効な遺産分割協議が成立した後のやり直しによる再配分は、遺産分割による取得とは認められず、原則的には贈与があったものとして贈与税の課税対象となる。

正解　　2）・3）

6－11　生命保険の活用①

【問】次の設例に基づいて、下記の各問に答えなさい。

　　Aさんは2024年3月5日に死亡した。Aさんの親族関係図およびA
さんを被保険者とする生命保険契約は、以下のとおりである。

＜親族関係図＞

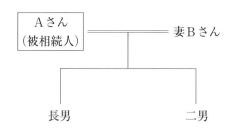

＜Aさんを被保険者とする生命保険契約の概要＞

　(1)　一時払終身保険

　　　　契約者（＝保険料負担者）・被保険者：Aさん

　　　　死亡保険金受取人　　　　　　　　：妻Bさん

　　　　死亡保険金額　　　　　　　　　　：2,000万円

　(2)　平準払終身保険

　　　　契約者（＝保険料負担者）　　　　：長男

　　　　被保険者　　　　　　　　　　　　：Aさん

　　　　死亡保険金受取人　　　　　　　　：長男

　　　　死亡保険金額　　　　　　　　　　：1,500万円

　(3)　一時払終身保険

　　　　契約者（＝保険料負担者）・被保険者：Aさん

　　　　死亡保険金受取人　　　　　　　　：二男

　　　　死亡保険金額　　　　　　　　　　：3,000万円

《問1》妻Bさんが受け取る死亡保険金のうち、相続税の課税価格に算入
　　　される金額を求めなさい。

《問2》各相続人が受け取った死亡保険金に関する次の記述のうち、適切
　　　なものをすべて選びなさい。

　1）二男が受け取った死亡保険金は、特段の事情のない限り、遺留分算

定の基礎となる財産に含まれないため、死亡保険金受取人に確実に
資産を渡すことができる。
2）死亡保険金受取人が死亡保険金の請求をした場合、書類等に不備が
なければ、通常、死亡保険金は請求を受けた日の翌日から同日を含
めて、5営業日以内に支払われるため、葬儀費用等の支払に活用す
ることができる。
3）長男が受け取った死亡保険金は、遺産分割協議の対象となるため、
当該金額を長男の課税価格に加算する必要がある。

● 解説と解答 ●

《問1》
　(1)一時払終身保険および(3)一時払終身保険は、契約者（＝保険料負担者）と
被保険者が被相続人のＡさんであることから、その保険金は相続税の課税対象
となるが、(2)平準払終身保険は、契約者（＝保険料負担者）が受取人となって
いることから、その保険金は相続税ではなく所得税の課税対象となる。
　また、死亡保険金の非課税金額は、次の算式による。
　500万円×法定相続人の数
　本設例では、法定相続人は妻Ｂ、長男、二男の3人であることから、
・死亡保険金の非課税金額：500万円×3人＝1,500万円
　さらに、各相続人の課税価格に算入される死亡保険金の金額は、次の算式に
よる。

$$\text{その相続人が受け取った死亡保険金の金額} - \text{死亡保険金の非課税限度額} \times \frac{\text{その相続人が受け取った死亡保険金の金額}}{\text{すべての相続人が受け取った死亡保険金の合計額}}$$

　したがって、
・各相続人の相続税の課税価格に算入される死亡保険金の金額

　妻Ｂ：$2,000万円 - 1,500万円 \times \dfrac{2,000万円}{(2,000万円 + 3,000万円)} = \underline{1,400万円}$

　長男：受け取った死亡保険金は相続税の課税対象外のため、0円（なし）。

　二男：$3,000万円 - 1,500万円 \times \dfrac{3,000万円}{(2,000万円 + 3,000万円)} = \underline{2,100万円}$

〈答〉　　1,400万円

《問2》

1）適切である。なお、遺産額のうち、その大半が死亡保険金であった場合など、相続人間の不公平を無視できないほどの特段の事情があれば、特別受益として遺留分算定の基礎となる財産に持ち戻される可能性がある。

2）適切である。通常、死亡保険金は請求を受けた日の翌日から同日を含めて、5営業日以内に支払われる。死亡保険金は、被相続人の預貯金等とは異なり、速やかに資金を活用できる点に優位性がある。

3）不適切である。長男が受け取る死亡保険金は、所得税の課税対象となる。

正解　1）・2）

6 −12　生命保険の活用②

【問】次の設例に基づいて、下記の各問に答えなさい。

　　Aさんは相続対策として、生命保険に加入することを検討してい
る。Aさんの親族関係図は、以下のとおりである。

＜親族関係図＞

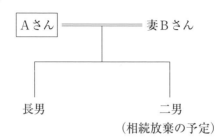

＜Aさんが加入を検討している生命保険の内容＞
　⑴　外貨建て終身保険
　　　契約者（＝保険料負担者）・被保険者：Aさん
　　　死亡保険金受取人　　　　　　　　：妻Bさん
　　　死亡保険金額　　　　　　　　　　：3,000万円（円貨換算）
　⑵　終身保険
　　　契約者（＝保険料負担者）・被保険者：Aさん
　　　死亡保険金受取人　　　　　　　　：長男
　　　死亡保険金額　　　　　　　　　　：2,000万円

《問１》設例の生命保険に加入後、Aさんの相続が開始した場合、妻Bさ
　　　　んが受け取る死亡保険金のうち、相続税の課税価格に算入される金
　　　　額を求めなさい。なお、二男は相続を放棄するものとする。

《問２》生命保険の活用に関する次の記述のうち、適切なものをすべて選
　　　　びなさい。
　１）死亡保険金は受取人の固有の財産となるため遺産分割協議書に記載
　　　する必要はなく、相続人の納税資金として有効である。
　２）長男がAさんを被保険者とする生命保険に加入して、Aさんが、その
　　　保険料の支払原資とするために、長男に保険料相当額の現金を贈与

　する場合、定期贈与とみなされないように注意しなければならない。

　　3）仮に、契約者（＝保険料負担者）および被保険者をＡさん、死亡保
　　　　険金受取人を二男とする終身保険に加入後、Ａさんが死亡した場
　　　　合、当該死亡保険金は、相続放棄をする二男が受け取ることはでき
　　　　ず、他の相続人が受け取ることになる。

・解説と解答・

《問１》

　(1)外貨建て終身保険および(2)終身保険は、契約者（＝保険料負担者）と被保険者が被相続人のＡさんであることから、その保険金はいずれも相続税の課税対象となる（外貨建ての生命保険であっても、その取扱いは円建ての生命保険と同様である）。

　また、本設例では、法定相続人は妻Ｂ、長男、二男の３人であることから、
・死亡保険金の非課税金額：500万円×３人＝1,500万円
・各相続人の課税価格に算入される死亡保険金の金額

$$妻Ｂ：3,000万円－1,500万円×\frac{3,000万円}{(3,000万円＋2,000万円)}＝\underline{2,100万円}$$

$$長男：2,000万円－1,500万円×\frac{2,000万円}{(3,000万円＋2,000万円)}＝\underline{1,400万円}$$

（6－11　生命保険の活用①《問１》の解説も合わせて参照）

〈答〉　　2,100万円

《問２》

１）適切である。

２）適切である。毎年の贈与額と贈与期間があらかじめ決められていると判断
　　されれば、定期金に関する権利（毎年100万円を10年間など）の贈与を受
　　けたものとして、贈与税が課せられる可能性がある。したがって、毎年の
　　贈与額がその都度互いの合意によって決定されたことを明確にするため
　　に、贈与契約書を毎年作成し、贈与を実行しておくことなどが大切となる。

３）不適切である。死亡保険金は受取人固有の財産であるため、死亡保険金受
　　取人である二男が相続放棄をしたとしても、死亡保険金を受け取ることが
　　できる。ただし、二男は死亡保険金の非課税金額の規定の適用を受けるこ
　　とはできない（死亡保険金の全額が相続税の課税対象となる）。

正解　　1)・2)

6－13　死亡保険金の非課税金額の計算

【問】次の設例に基づいて、下記の各問に答えなさい。

Aさんは2024年3月に死亡した。Aさんの死亡により、保険金受取人はそれぞれ以下のように死亡保険金を受け取った。

保険金受取人	金額
妻B	2,000万円
長男C	1,500万円
長女D（相続放棄）	2,000万円
養子E	1,500万円
養子F	3,000万円

《問1》死亡保険金の非課税限度額として、最も適切なものを選びなさい。
1）1,000万円
2）1,500万円
3）2,000万円
4）2,500万円

《問2》各人の死亡保険金の非課税金額について、空欄①および②に入る数値の組合せとして、最も適切なものを選びなさい。

保険金受取人	取得保険金額	各人の非課税金額
妻B	2,000万円	500万円
長男C	1,500万円	＊＊＊万円
長女D（相続放棄）	2,000万円	（ ① ）
養子E	1,500万円	＊＊＊万円
養子F	3,000万円	（ ② ）

（注）＊＊＊は、問題の性質上、明らかにできない部分である。

1）①500万円　　②600万円
2）①0円（なし）　②600万円
3）①500万円　　②750万円
4）①0円（なし）　②750万円

・解説と解答・

《問1》

死亡保険金の非課税限度額は、死亡保険金の受取人数にかかわらず、次の算式による。

500万円×法定相続人の数

この法定相続人の数は、遺産に係る基礎控除の額を計算する場合の相続人の数と同じで、相続の放棄があっても、放棄がなかったものとして計算する（ただし、相続の放棄をした者に、非課税規定の適用はない）。

また、本設例においては被相続人に実子（長男Cおよび長女D）がいるため、法定相続人に含めることのできる養子の数は、養子Eおよび養子Fのうち1人になる。

したがって、

・死亡保険金の非課税金額：500万円×4人＝2,000万円

正解　3)

《問2》

相続人が取得した死亡保険金が非課税限度額を超える場合、各相続人の取得した死亡保険金のうち、次の算式により計算した金額が非課税になる。

$$\text{各相続人の死亡保険金の非課税金額} = \text{死亡保険金の非課税限度額} \times \frac{\text{その相続人が受け取った死亡保険金の金額}}{\text{すべての相続人が受け取った死亡保険金の合計額}}$$

したがって、

・各相続人の死亡保険金の非課税金額

妻B　　：$2{,}000万円 \times \dfrac{2{,}000万円}{(2{,}000万円 + 1{,}500万円 + 1{,}500万円 + 3{,}000万円)} = 500万円$

長男C：$2{,}000万円 \times \dfrac{1{,}500万円}{(2{,}000万円 + 1{,}500万円 + 1{,}500万円 + 3{,}000万円)} = 375万円$

長女D：相続を放棄しているため、非課税金額は0円（なし）。

養子E：$2{,}000万円 \times \dfrac{1{,}500万円}{(2{,}000万円 + 1{,}500万円 + 1{,}500万円 + 3{,}000万円)} = 375万円$

養子F：$2{,}000万円 \times \dfrac{3{,}000万円}{(2{,}000万円 + 1{,}500万円 + 1{,}500万円 + 3{,}000万円)} = 750万円$

正解　4)

6－14　代償分割①

【問】次の設例に基づいて、下記の各問に答えなさい。

Aさんの親族関係図およびAさんが所有する財産は、以下のとおりである。

＜親族関係図＞

＜Aさんが所有する財産（相続税評価額）＞
　自宅敷地（360㎡）：5,000万円
　自宅建物　　　　：1,000万円（固定資産税評価額）
　※そのほかに少額の現預金等を保有している。

《問1》代償分割に関する次の記述のうち、適切なものをすべて選びなさい。
　1）相続財産の大半が自宅の敷地および建物のみであり、現物分割が難しい場合、自宅を取得した長男が、その代償として二男に金銭を支払うという分割方法が考えられる。
　2）Aさんが自己の相続が開始した場合に代償分割を行ってほしいときは、生前に「長男が二男に所定の代償金を支払うことを条件として、全財産を相続させる」というような条件付きの遺言をすることも、1つの方法である。
　3）Aさんが自宅等の相続財産のすべてを長男に相続させたい場合、契約者（＝保険料負担者）および被保険者を被相続人、死亡保険金受取人を二男とする終身保険に加入することにより、代償分割と同様の効果が法的に得られる。

《問2》 Aさんの相続により、唯一の相続財産である自宅敷地および自宅建物（相続税評価額6,000万円、時価8,000万円）を長男が相続し、長男は代償財産として二男に現金2,000万円を支払った。この代償分割に関する記述のうち、適切なものをすべて選びなさい。
1) 原則的な方法によれば、長男の課税価格は4,000万円となる。
2) 二男が長男から譲り受けた現金2,000万円について、贈与税が課せられる。
3) 相続税の申告および納税は長男だけが行う必要があり、二男は相続税が課せられないため、相続税の申告義務はない。

・解説と解答・

《問1》
1) 適切である。なお、遺産分割協議における分割は、現物分割が原則である。代償分割ができるのは、相続財産の細分化は不適当であること（現物分割が不可能）、相続財産を取得する相続人に代償債務の履行能力（代償金の支払能力など）があること等の要件を満たす場合に限られる。したがって、相続人に代償債務の履行能力がない場合、代償分割の遺言をするのは避けたほうが賢明である。
2) 適切である。遺産分割協議では代償分割に至るまでに、争いが生じることが多く、被相続人が生前に遺言で解決しておくことが望まれる。その場合、相続財産を取得する相続人に対して、代償金を支払う義務を負わせるような遺言をするのも一法である。
3) 不適切である。生命保険を活用した遺産分割の方法の1つであり、この方法で円満な遺産分割が実現されるケースは多いと思われるが、二男が、長男が相続した本来の相続財産に対して遺留分侵害額請求を起こす可能性は残される。死亡保険金は、本来の相続財産ではなく、みなし相続財産であり、受取人固有の財産であるため、二男は本来の相続財産に対する遺留分侵害額請求を行うことができる。

正解 1)・2)

《問2》
　代償分割が行われた場合、各相続人の相続税の課税価格の原則的な計算方法は、次のとおりである。

$$\begin{array}{l}\text{代償財産を交付した相続人の}\\\text{相続税の課税価格（原則）}\end{array} = \begin{array}{l}\text{相続または遺贈により}\\\text{取得した財産の価額}\end{array} - \text{代償財産の価額}$$

$$\begin{array}{l}\text{代償財産の交付を受けた相続人の}\\\text{相続税の課税価格（原則）}\end{array} = \begin{array}{l}\text{相続または遺贈により}\\\text{取得した財産の価額}\end{array} + \text{代償財産の価額}$$

ただし、代償債務の額が代償分割対象財産の時価に基づいて定められた場合は、例外的に各相続人の相続税の課税価格を、次のとおり計算することが認められている。

$$\begin{array}{l}\text{代償財産を交付した相続人の}\\\text{相続税の課税価格（例外）}\end{array} = \begin{array}{l}\text{相続または遺贈により}\\\text{取得した財産の価額}\end{array} - \text{代償債務の額} \times \dfrac{\begin{array}{c}\text{代償分割対象財産の相続開始時の}\\\text{価額（相続税評価額）}\end{array}}{\begin{array}{c}\text{代償分割対象財産の代償分割}\\\text{時の通常の取引価額（時価）}\end{array}}$$

$$\begin{array}{l}\text{代償財産の交付を受けた相続人の}\\\text{相続税の課税価格（例外）}\end{array} = \begin{array}{l}\text{相続または遺贈により}\\\text{取得した財産の価額}\end{array} + \text{代償債務の額} \times \dfrac{\begin{array}{c}\text{代償分割対象財産の相続開始時の}\\\text{価額（相続税評価額）}\end{array}}{\begin{array}{c}\text{代償分割対象財産の代償分割}\\\text{時の通常の取引価額（時価）}\end{array}}$$

したがって、

・各相続人の相続税の課税価格（原則）

長男：6,000万円 − 2,000万円 = 4,000万円

二男：2,000万円

・各相続人の相続税の課税価格（例外）

長男：$6{,}000\text{万円} - 2{,}000\text{万円} \times \dfrac{6{,}000\text{万円}}{8{,}000\text{万円}} = 4{,}500\text{万円}$

二男：$2{,}000\text{万円} \times \dfrac{6{,}000\text{万円}}{8{,}000\text{万円}} = 1{,}500\text{万円}$

1）適切である。

2）不適切である。二男が長男から譲り受けた代償財産である現金2,000万円は、贈与税ではなく相続税の課税対象となる。

3）不適切である。上記2）の解説のとおり、二男が長男から譲り受けた代償財産にも相続税が課せられるため、相続税の申告義務がある。

正解　　1）

6－15　代償分割②

【問】次の設例に基づいて、下記の各問に答えなさい。

　　2024年3月5日に死亡したAさんの親族関係図およびAさんの相続財産は、以下のとおりである。長男CがAさんの相続により、唯一の相続財産である自宅の敷地および建物（相続税評価額8,000万円、時価1億円）を相続し、長男Cは代償財産として二男Dに長男Cが所有する土地（時価3,000万円・取得価額1,000万円）を譲り、三男Eには現金2,000万円を支払った。

＜親族関係図＞

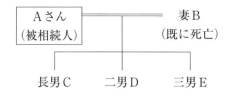

＜Aさんの相続財産＞

　自宅敷地（360㎡）および自宅建物（相続税評価額8,000万円、時価1億円）

《問1》設例における代償分割に関する次の記述のうち、適切なものをすべて選びなさい。

1）不動産を代償交付財産とした場合、その財産を時価で譲渡したものとみなされ、時価が取得価額（取得費）よりも高ければ、譲渡所得が発生し、財産を交付した長男Cに譲渡所得税等が課せられる。

2）二男Dが代償分割により取得した不動産の所得税法上の取得費は、代償債務の履行として当該不動産を交付した長男Cの取得費を引き継ぐことになる。

3）代償財産の交付を受けた二男Dおよび三男Eに対しても、相続税が課せられる。

《問2》Aさんの相続における長男Cの課税価格（原則的な方法による）を求めなさい。

・解説と解答・

《問 1 》

1 ）適切である。代償財産を交付した長男 C は、代償分割により負担した債務を履行するために土地を移転したわけであり、その履行時に通常の取引価額で資産を譲渡したことになる長男 C に対して、譲渡所得税が課せられる。

2 ）不適切である。代償分割により取得した代償財産が不動産であった場合、所得税法上は譲渡にあたるため、その不動産の所得税法上の取得費は、代償債務の履行時点の不動産の価額（時価）である。

3 ）適切である。代償財産の交付を受けた者も相続税が課せられる（贈与税は課せられない）。

正解　　1 ）・3 ）

《問 2 》

・各相続人の相続税の課税価格（原則）

長男 C ：8,000万円 − 3,000万円 − 2,000万円 ＝ 3,000万円

二男 D ：3,000万円

三男 E ：2,000万円

＜参考＞各相続人の相続税の課税価格（例外）

長男 C ：$8{,}000万円 - 3{,}000万円 \times \dfrac{8{,}000万円}{1億円} - 2{,}000万円 \times \dfrac{8{,}000万円}{1億円}$

$\qquad = 4{,}000万円$

二男 D ：$3{,}000万円 \times \dfrac{8{,}000万円}{1億円} - 2{,}400万円$

三男 E ：$2{,}000万円 \times \dfrac{8{,}000万円}{1億円} = 1{,}600万円$

（6 − 14　代償分割①《問 2 》解説も合わせて参照）

〈答〉　　3,000万円

174

6−16　不動産の活用①

> 【問】次の設例に基づいて、下記の各問に答えなさい。
>
> 　Aさん（60歳）が所有する財産は、以下のとおりである。所有するすべての不動産は、父親の相続により取得したものである。
>
> 　Aさんは、築30年以上の老朽化した「4．賃貸アパート」を撤去し、貸駐車場の経営を検討している。また、資材置き場として建設会社に賃貸している「5．雑種地」の立地が良いため、賃貸マンションを建設することを検討している。
>
> ＜Aさんの所有財産の概要（相続税評価額）＞
> 　1．現預金　　　　　：　　5,000万円
> 　2．上場株式　　　　：　　5,000万円
> 　3．賃貸マンション
> 　　①土地（400㎡）：1億1,000万円
> 　　②建物　　　　　：　　7,000万円
> 　4．賃貸アパート
> 　　①土地（250㎡）：　　5,000万円
> 　　②建物　　　　　：　　　500万円
> 　5．雑種地（300㎡）：1億2,000万円
> 　6．自宅（二世帯住宅）
> 　　①土地（330㎡）：　　3,000万円
> 　　②建物　　　　　：　　4,000万円
> 　　合計　　　　　　：5億2,500万円
>
> ※土地は「小規模宅地等についての相続税の課税価格の計算の特例」の適用前の金額である。

《問1》不動産の有効活用に関する次の記述のうち、適切なものをすべて選びなさい。

1) Aさんがローンを活用して賃貸マンションを建設した場合、土地の貸家建付地評価、建物の固定資産税評価による相続税評価額の引下げの効果が期待できる。

2) Aさんが雑種地に賃貸マンションを建設した場合、賃借人が利用する賃借人専用の駐車場の敷地の価額は、貸家建付地ではなく、自用地として評価される。

3）Aさんが老朽化したアパートを取り壊して更地（青空駐車場）にした場合、資産処分や遺産分割が比較的容易にできるというメリットが考えられるが、住居1戸当たり200㎡までの小規模住宅用地について、課税標準となるべき価格を6分の1とする固定資産税の特例の適用が受けられなくなる。

《問2》　Aさんが雑種地に賃貸マンションを建設後（借地権割合60%、借家権割合30%、賃貸割合100%）、Aさんの相続において、相続人が当該敷地に「小規模宅地等についての相続税の課税価格の計算の特例」の適用を受けた場合に減額される金額を求めなさい。

・解説と解答・

《問1》

1）適切である。不動産を相続対策に活用する理由は、「現金1億円（現金の相続税評価額は1億円）で不動産を購入⇒相続税評価額は8,000万円で評価される」など、時価と相続税評価額の乖離を利用することにある。ただし、空室があれば、貸家建付地の評価減の効果がなくなり、資金繰り上もローン返済が困難になる。また、不動産価格の下落幅が大きければ、本来の財産額が目減りし、マンション経営をした効果がなくなるケースも考えられ、不動産経営の視点が重要となる。

2）不適切である。土地の所有者が駐車場経営をしている場合、その土地は自用地評価となる。他方、賃貸アパートの敷地内や隣接した敷地に存在する駐車場の場合は、貸家建付地での評価ができる。ただし、その駐車場の契約者・使用者が賃貸アパートの賃借人であるなどの場合に限られ、アパートの賃借人以外の者に月極駐車場として貸し付けている場合は自用地評価となる。

3）適切である。

正解　　1）・3）

《問2》

　本特例において、賃貸マンションを建設した土地は「貸付事業用宅地等」に区分される。本特例の適用を受けた場合の減額金額については、まず当該土地を貸家建付地として評価し、その評価額に基づいて求めることになる。

また、貸家建付地の価額の評価は、次の算式により評価される。

自用地価額×（1－借地権割合×借家権割合×賃貸割合）

したがって、

・当該土地の貸家建付地としての評価価額：

1億2,000万円×（1－60%×30%×100%）＝9,840万円

・当該土地に本特例の適用を受けた場合の減額金額：

9,840万円×$\frac{200㎡}{300㎡}$×50%＝3,280万円

〈答〉　　3,280万円

6−17　不動産の活用②

【問】次の設例に基づいて、下記の各問に答えなさい。

　　Aさん（65歳）が所有する財産は、以下のとおりである。Aさん
は、資材置き場として建設会社に賃貸している「3．雑種地」の立地
が良いため、賃貸マンションを建設することを検討している。また、
長男家族と同居をするために妻Bさんと暮らす「4．自宅」を二世帯
住宅に建て替えることを検討している。

　　Aさんは、自身の相続時において、「4．自宅」を妻Bさんに、「3．
雑種地」に建設した賃貸マンションを長男に相続させたいと思ってい
る。

＜Aさんの所有財産の概要（相続税評価額）＞
```
  1．現預金        ：     5,000万円
  2．上場株式       ：     5,000万円
  3．雑種地（300㎡）  ：1億2,000万円
  4．自宅
    ①土地（330㎡） ：     8,000万円
    ②建物        ：     1,000万円
    合計         ：3億1,000万円
```
※土地は「小規模宅地等についての相続税の課税価格の計算の特例」の適
　用前の金額である。

《問1》　Aさんが雑種地に賃貸マンションを建設後（借地権割合70%、借
　　　　家権割合30%、賃貸割合100%）、Aさんの相続において、相続人が
　　　　当該敷地に「小規模宅地等についての相続税の課税価格の計算の特
　　　　例」の適用を受けた場合に減額される金額を求めなさい。

《問2》　「小規模宅地等についての相続税の課税価格の計算の特例」（以
　　　　下、「本特例」という）に関する次の記述のうち、適切なものをすべ
　　　　て選びなさい。なお、Aさん死亡時を1次相続、その後の妻Bさん
　　　　死亡時を2次相続とする。

　1）　Aさんの保有する自宅を建て替えて、長男家族と同居するための二
　　　　世帯住宅を建設し、Aさんの相続開始時に長男が相続により二世帯
　　　　住宅を取得したときは、二世帯住宅の構造および区分所有登記の有
　　　　無にかかわらず、本特例の適用を受けることができる。

178

　　2）1次相続において、妻Bさんが自宅を相続により取得した場合、無
　　　　条件に本特例の適用を受けることができるため、相続税額の軽減効
　　　　果は大きいが、他方で2次相続の対策を講じる必要がある。
　　3）1次相続において、妻が相続により取得する自宅ではなく、長男が
　　　　相続により取得する賃貸マンションの敷地（現在は雑種地）につい
　　　　て本特例の適用を受けるほうが、相続税額の軽減に有利となる場合
　　　　がある。

・解説と解答・

《問1》
・当該土地の貸家建付地としての評価価額：
　1億2,000万円×（1－70％×30％×100％）＝9,480万円
・当該土地に本特例の適用を受けた場合の減額金額：

$$9,480万円×\frac{200㎡}{300㎡}×50％＝3,160万円$$

（6-16　不動産の活用①《問2》解説も合わせて参照）

〈答〉　　3,160万円

《問2》
1）不適切である。親の相続開始時に二世帯住宅を取得した子が、本特例の適
　　用を受けることができるか否かはケースによって異なり、建物が区分所有
　　登記されている場合等には適用を受けることができない。
2）適切である。妻Bさんが相続により取得した場合、居住・保有継続の要件
　　はなく、無条件に本特例の適用を受けることができる。子ども世代は、2
　　次相続を考慮し、自宅を含めた保有する不動産を「継続保有」「売却」「活
　　用」の3分類に区分して、遺産分割・納税資金準備等の対策を講じる必要
　　がある。
3）適切である。賃貸マンションと自宅の敷地に本特例を適用した場合、減額
　　される金額は、次のとおりである。
　　賃貸マンション：3,160万円（算定過程は《問1》の解説参照）
　　自宅　　　　　：8,000万円×330㎡／330㎡×80％＝6,400万円
　　自宅の敷地に本特例を適用したほうが、減額幅が大きいことがわかる。他
　　方、妻Bさんは1次相続において、配偶者の税額軽減の適用を受けることが

できる。妻Bさんが相続により取得した財産の額が1億6,000万円と配偶者の法定相続分相当額とのいずれか多い金額までであれば、相続税は課せられない。

つまり、1次相続において、妻Bさんが自宅と現預金等を相続しても、配偶者の税額軽減の適用を受ければ課税はなく、長男が相続により取得する賃貸マンションの敷地に本特例の適用を受けるほうがよいというケースが考えられる。

正解　2)・3)

6 −18 不動産の活用③

【問】次の設例に基づいて、下記の各問に答えなさい。

　　Aさん（65歳）が所有する財産は、以下のとおりである。現在、A
さんは先祖代々の土地を活用し、個人で賃貸事業を行っている。Aさ
んは最近、新たに設立する不動産管理会社（X社）に所有不動産を売
却して、所得の分散を図ろうと検討している。

＜Aさんの所有財産の概要（相続税評価額）＞

1．現預金　　　　　　：　　5,000万円
2．上場株式　　　　　：　　5,000万円
3．賃貸マンション甲
　①土地（450㎡）：1億5,000万円
　②建物（築25年）：　5,000万円
4．賃貸マンション乙
　①土地（400㎡）：1億4,000万円
　②建物（築30年）：　4,000万円
5．自宅
　①土地（280㎡）：　9,000万円
　②建物　　　　　　：　1,000万円
　　合計　　　　　　：5億8,000万円

※土地は「小規模宅地等についての相続税の課税価格の計算の特例」の適
　用前の金額である。

《問1》不動産賃貸事業（個人経営）に関する次の記述のうち、適切なも
のをすべて選びなさい。

1）不動産賃貸業を個人で経営した場合、賃貸不動産から生じる所得が
　個人に帰属するため、賃貸経営の拡大により、累進課税方式の所得
　税の税負担が重くなる。

2）築年数の古い建物の場合、減価償却費が少なくなり、毎年の所得税
　および住民税の負担が大きくなる傾向がある。

3）不動産管理会社には、一般的に「管理委託方式」「一括賃貸方式（サ
　ブリース方式）」「不動産保有方式」の3つに分類されるが、所得分
　散効果が最も大きいのは「管理委託方式」といわれている。

《問2》不動産賃貸事業（法人の活用）に関する次の記述のうち、適切な
　　　　ものをすべて選びなさい。
　1）　Aさんが所有する賃貸マンションをX社に移転した場合、Aさんに
　　　　対して譲渡所得税が課せられる可能性が高く、移転を受けるX社で
　　　　は建物を買い取るための資金が必要となる。
　2）　Aさんが賃貸マンションの土地および建物をX社に譲渡する場合、
　　　　多額の譲渡所得税が課せられる可能性があるため、減価償却の進ん
　　　　だ建物のみの譲渡が無難であると思われる。
　3）　Aさんが賃貸マンションの建物だけをX社に移転し、X社とマン
　　　　ションの敷地について賃貸借契約を締結する場合には、権利金の認
　　　　定課税を回避するため、AさんとX社の連名で、「土地の無償返還に
　　　　関する届出書」を税務署に提出する必要がある。

・解説と解答・

《問1》
　1）　適切である。所得税の最高税率は45％である。収益物件の利回りを考える
　　　　場合、税金および社会保険料の負担増加など、所得金額が大きくなるこ
　　　　とによる影響を考えなければならない。仮に、所得金額が2,000万円の場
　　　　合、所得税の税率は40％、個人住民税は10％（復興特別所得税を除く）と
　　　　なり、借入金返済を加えると、手元に残る資金が非常に少ないという事態
　　　　にもなりうる。法人設立のメリットおよびデメリットは、以下のとおりで
　　　　ある。
　　　メリット
　　　①所得税の軽減効果（妻・子に所得の分散、給与所得控除の適用）
　　　②相続財産の圧縮効果（所得が法人および相続人に分散する）
　　　③相続税の納税資金確保（相続人に給与として分配し、資産形成を図る）
　　　④節税対策（役員退職金の支給、法人契約の生命保険の加入等）
　　　デメリット
　　　①法人設立の費用の増加
　　　②赤字でも法人住民税（均等割）が課せられる。
　　　③不動産を法人に移転する場合は移転コストがかかる。
　2）　適切である。
　3）　不適切である。それぞれの方式を採用するにあたり、収益物件の状況、所

得税・法人税・相続税・贈与税等の税務、金融機関からの借入れ等、損益分岐点を把握しなければならない。それぞれの特徴は、次のとおりである。

①管理委託方式

　賃貸の管理（清掃・集金代行等の管理業務）を法人に委託し、管理料を支払う。法人の収入は管理費のみであり、管理料は家賃収入の5〜10%程度が認められるが、高額の管理料を支払った場合は、税務上否認される可能性がある。所得分散効果は少なく、そもそもの賃料収入が少なければ費用倒れになる場合もある。

②一括賃貸方式（サブリース方式）

　地主が建物を法人に一括賃貸し、法人が入居者に転貸する。法人は転貸収入と地主への支払家賃との差額を利益とする。管理委託方式に比べ、利益を法人に移転することができるが、空室が増加すると法人は赤字になる可能性がある（法人は空室リスクを負う）。

③不動産保有方式

　所得分散効果は最も大きい。建物を法人が所有し、土地については地主が底地権者、法人が借地権者となる方式である。法人は地主から土地を賃借し、家賃の全額が法人に入る。地主には地代収入のほかに、法人の役員として役員給与を受けることができる。親から子への資産移転を図るためには、給与支給による所得分散効果に加えて、法人の株主を子にしておくことが望ましい。

正解　1）・2）

《問2》

1）適切である。先祖代々の土地（取得費が低い）などを譲渡すると多額の譲渡所得税が課せられるため、土地の移転は現実的ではない。減価償却の進んだ建物のみを移転するほうが無難である。他方、X社では、賃貸マンションの建物を取得するための資金が必要となるが、金融機関から融資を受けられるか、確認しておく必要がある。

2）適切である。

3）適切である。会社が、資金面から土地の買取が困難なとき、建物のみを購入することが考えられる。その際、地主が、権利金の授受の慣行がある地域で会社から権利金を受け取らない場合、通常収受すべき権利金相当額を会社に対して贈与したものとして権利金の認定課税が行われる。

　他方、権利金の認定課税が行われた場合、会社は、借地権という資産を無償で取得したものとされるとともに、同額の受贈益が計上されることになり、これに対する多額の法人税の負担が生じることになる。この権利金の認定課税を回避するには、相当の地代を支払う以外に、地主と会社の連名で「土地の無償返還に関する届出書」を税務署に提出すればよい。これは、将来、会社が地主に土地を返還するときには、借地権利金相当額は支払わずに、無償とするというものである。この場合、土地の賃料の支払は任意であるが、通常の地代を支払う方法を選択するのがよい。それは、この地代の支払によって、地主の相続開始時の土地の価額を更地評価額より20％減額すること、および「小規模宅地等についての相続税の課税価格の計算の特例」の適用を受けることができるからである。

正解　　1)・2)・3)

6－19　不動産の活用④

【問】次の設例に基づいて、下記の各問に答えなさい。

　　Aさん（62歳）には故郷の実家で1人暮らしをしている母Cさん（86歳）がいるが、最近は入退院を繰り返している。今後、自宅での1人暮らしは難しく、老人ホーム等への入所を検討している。なお、母Cさんの推定相続人はAさんと弟Bさんの2人である。

　　Aさんおよび弟Bさんは、ともに故郷から離れ、それぞれが別の都市に自宅を保有し、居住している。2人とも、将来的に故郷に戻る予定がないため、空き家となる実家（敷地および建物）の処分を検討している。

＜母Cさんの所有財産（相続税評価額）＞

1．現預金　　　　　　　　　：1,000万円
2．自宅（戸建て）
　　①土地（280㎡）　　　　：6,000万円
　　②建物（昭和52年築）　 ：1,000万円
　　　合計　　　　　　　　　：8,000万円

※土地は「小規模宅地等についての相続税の課税価格の計算の特例」の適用前の金額である。

《問1》実家の処分に関する次の記述のうち、適切なものをすべて選びなさい。

1）Aさん・Bさんが遠方に住んでおり、母Cさんの自宅の利用・管理が不可能である場合、母Cさんの生前に不動産を売却し、現金化することは、納税資金対策および遺産分割対策として有効な方法の1つである。

2）母Cさんが老人ホーム等の施設に入居し、自宅に戻って居住する見込みがない場合、自宅に居住しなくなった日から3年を経過する日の属する年の12月31日までの譲渡であれば、自宅の売却時には「居住用財産を譲渡した場合の3,000万円の特別控除の特例」の適用を受けることができる。

3）Aさんが母Cさんの相続開始後に実家を売却する場合、その売却時期が相続開始の日の翌日から相続税の申告期限の翌日以後3年以内（相続開始後3年10カ月以内）であれば、「相続財産を譲渡した場合

の取得費の特例」の適用により、譲渡所得金額の計算上、Ａさんにかかった相続税額のうち譲渡資産に対応する額を取得費に加算することができる。

《問2》「被相続人の居住用財産（空き家）に係る譲渡所得の特別控除の特例」（以下、「本特例」という）に関する次の記述のうち、適切なものをすべて選びなさい。

1）本特例の適用を受けるためには、相続開始直前において被相続人が譲渡対象家屋に1人で居住している必要があるため、母Ｃさんが要介護認定等を受けて老人ホーム等に転居している場合、本特例の適用を受けることはできない。

2）本特例の適用を受けるためには、譲渡を行った翌年の2月15日までに、家屋の解体、または新耐震基準による家屋のリフォームが必要となる。

3）実家（敷地および建物）をＡさんと弟Ｂさんの共有名義で取得し、本特例の適用を受けることができれば、各人がそれぞれ最高3,000万円（合計6,000万円）の特別控除の適用を受けることができる。

・解説と解答・

《問1》

1）適切である。不動産について「残す（自宅・先祖代々の土地など）」「活用（収益を得る）」「売却（現金化＝納税資金準備・遺産分割対策）」の3つに分類してみるとよい。収益性の見込めない不動産について売却するのか、リフォーム・修繕をすれば収益性が向上するのか、遊休地（更地）に収益物件を建設した場合の収益性は見込めるのか、事前に検討しておくべきであろう。

2）適切である。「居住用財産を譲渡した場合の3,000万円の特別控除の特例」の適用を受けて、事前に売却しておくことも一法である。

3）適切である。不動産の売却にあたっては、税制の適用要件を検討するほか、不動産市況なども十分に検討して決定・実行することが大切である。なお、「相続財産を譲渡した場合の取得費の特例」は、「被相続人の居住用財産（空き家）に係る譲渡所得の特別控除の特例」との選択適用となる。

正解　　1）・2）・3）

《問2》

「被相続人の居住用財産（空き家）に係る譲渡所得の特別控除の特例」の適用要件は、以下のとおりである。

①1981年5月31日以前に建築された戸建て住宅（マンションは不可）で、②被相続人が1人で居住しており、③相続開始後、居住・賃貸・事業の用に供しておらず、④相続開始後から3年後の12月末まで、かつ2027年12月31日までに譲渡する。ただし、⑤譲渡が行われた翌年の2月15日までに、建物が新耐震基準を満たすものであるか、建物を解体して更地で譲渡しなければならず、⑥その譲渡価額は1億円以下であることが要件となる。⑦確定申告書に「被相続人居住用家屋等確認書」を添付することが必要となる（当該確認書は、相続物件が所在する市町村役場に申請し、発行を受ける）。

1）不適切である。相続の開始の直前において被相続人以外に居住していた人がいなかったことが原則であるが、被相続人が要介護認定等を受けて老人ホーム等に入所するなど、特定の事由により相続の開始の直前において被相続人の居住の用に供されていなかった家屋は、一定の要件を満たす場合、被相続人居住用家屋に該当し、本特例の適用を受けることができる。

2）適切である。

3）適切である。ただし、2024年1月1日以後に譲渡を行う場合、被相続人の居住用家屋および被相続人の居住用家屋の敷地等を相続または遺贈により取得した相続人の数が3人以上である場合は、特別控除の額は最高2,000万円までとなる。

<u>正解</u>　2）・3）

6-20　不動産の活用⑤

【問】次の設例に基づいて、下記の各問に答えなさい。

　Aさん（70歳）は、甲土地（地目：畑、公簿面積1,200㎡）において、農業を営んでいる。会社員の長男Cさん・長女Dさんは、農業を継ぐ意思はない。甲土地は、1994年に生産緑地の指定を受けた。Aさんは、現在、病気を患っており、農作業を続けるのは難しい状況である。Aさんは、農業を辞めて、甲土地を有効活用したいと考えているが、生産緑地の指定を受けてから30年経過後、市に甲土地を買い取らないと言われた場合、できることなら売却や借入金を負うことはしたくないと思っている。

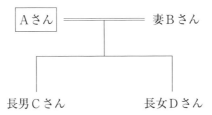

＜Aさんの所有財産の概要（相続税評価額）＞
1．現預金　　　　　　　：　　3,000万円
2．甲土地（1,200㎡）：1億2,000万円[注]
3．自宅
　　①土地（330㎡）　：　9,000万円
　　②建物　　　　　　　：　1,000万円
　　　合計　　　　　　　：2億5,000万円

（注）　宅地としての相続税評価額
※土地は「小規模宅地等についての相続税の課税価格の計算の特例」の適用前の金額である。

《問１》甲土地に関する次の記述のうち、適切なものをすべて選びなさい。
　1）甲土地は生産緑地の指定を受けているため、固定資産税が一般農地並み課税に軽減される一方、転用や転売ができないというデメリットがある。

2）甲土地の買取りの申出（生産緑地の指定解除の申出）を行うことが
できるのは、農業従事者であるＡさんが死亡した場合、または生産
緑地の指定を受けてから30年間が経過した場合に限られる。

3）生産緑地の指定が解除された場合、「農業相続人が農地等を相続した
場合の納税猶予の特例」により、甲土地の相続税の納税猶予を受け
ることはできない。

《問２》設例におけるＡさんに対するアドバイスとして、適切なものをす
べて選びなさい。

1）「甲土地を売却せず、かつ、借入金を負いたくないという事情があれ
ば、期間終了時に土地（更地）の返還が保証されている定期借地権
方式での有効活用を検討してください。借主が建物を建てるため、
Ａさんが建設費を負担することもなく、Ａさん家族が抱えるリスク
は低いと思います」

2）「土地の相続税評価額や収益性を考えれば、定期借地権方式のほうが
自己建設方式や建設協力金方式よりも有利といえますが、最終的に
は、相続税額の軽減効果と収益性を比較し、リスク許容度に応じて
活用案を検討する必要があります」

3）「所有財産に占める現預金が少ないため、相続が開始すると納税資金
が不足することが懸念されます。Ａさんは、甲土地を売却したくな
いとの意向ですが、納税資金不足の解消、円滑な遺産分割の実現の
ために、甲土地の一部を売却する案もご家族と相談して検討してみ
てはいかがでしょうか」

・解説と解答・

《問１》

1）適切である。生産緑地制度は市街化区域内の農地で、良好な生活環境の確
保に効用があり、公共施設等の敷地として適している500㎡以上（注）の
農地を都市計画に定め建築行為等を許可制により規制し、都市農地の計画
的な保全を図る制度である。市街化区域農地は宅地並み課税がされるのに
対し、生産緑地は軽減措置が講じられる。

（注） 面積要件は、市区町村の条例により300㎡まで引き下げることが可
能である。

2）不適切である。①指定を受けてから30年が経過した場合（特定生産緑地は
指定期限日から10年が経過した場合）、②農業従事者またはそれに準ずる
者が死亡した場合に加え、③農業従事者に農業ができない故障が生じた場
合（両眼の失明や胸腹部臓器の機能の著しい障害など）にも、生産緑地の
買取りの申出を行うことができる（生産緑地法10条）。

3）適切である。生産緑地の指定が解除された場合、「農業相続人が農地等を
相続した場合の納税猶予の特例」による相続税の納税猶予を受けることは
できなくなる。「農業相続人が農地等を相続した場合の納税猶予の特例」
とは、農業を営んでいた被相続人または特定貸付等を行っていた被相続人
から一定の相続人が一定の農地等を相続や遺贈によって取得し、農業を営
む場合または特定貸付等を行う場合には、一定の要件のもとにその取得し
た農地等の価額のうち農業投資価格による価額を超える部分に対応する相
続税額の納税を猶予する制度である。この猶予税額は、本特例の適用を受
けた農業相続人が死亡した場合等に免除される。

正解　　1）・3）

《問2》

1）適切である。定期借地権は定められた期間だけ土地を借りられる権利であ
り、普通借地権と違い借地契約期間の更新ができない。売却や借入金を負
うことはしたくないAさんにとって有力な選択肢となる。

2）不適切である。地代収入となる定期借地権方式のほうが収益性において有
利とはいえない。

3）適切である。被相続人が死亡したことを知った日の翌日から10カ月以内の
申告と納税が必要となることを考えると、納税資金確保の観点から土地の
一部売却も選択肢となる。なお、Aさんの相続開始後に、甲土地を相続ま
たは遺贈により取得した相続人が、甲土地を売却する場合は、「相続財産
を譲渡した場合の取得費の特例」を適用することができる。

正解　　1）・3）

6－21　生前贈与①

【問】次の設例に基づいて、下記の各問に答えなさい。

　　Aさん（75歳）の親族関係図および家族の状況は、以下のとおりである。資産家であるAさんは、相続対策を兼ねて、生前に資産を移転させたいと検討している。

＜親族関係図＞

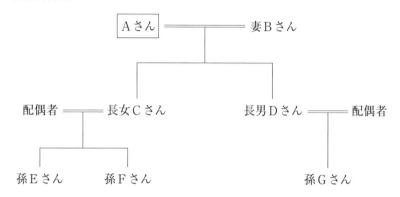

＜Aさんの家族の状況＞

①長女Cさん（42歳）

　専業主婦。会社員の夫と子2人（孫Eさん、孫Fさん）と借上げ社宅に居住している。住宅の購入費用の援助を期待しているようである。

②長男Dさん（40歳）

　勤務医。クリニックの開業資金として相当額の資金援助を期待しているようである。また、息子（孫Gさん）の教育資金の援助を求めている。

《問1》生前贈与に関する次の記述のうち、適切なものをすべて選びなさい。

1）暦年贈与を実行する際は、贈与金額を基礎控除額以下に抑えることで、贈与税の負担なしで生前贈与をすることができるが、相続財産が多額の場合は、相続税の実効税率を超えない範囲内で贈与を行うことも検討する必要がある。

2）孫（E・F・G）に財産を移転することは、相続税の課税の機会が

　　減ることを意味し、トータルの納付税額が低減する可能性があるが、生前贈与の実行の際には、相続税額の試算を行い、贈与を実行することの有効性を検証する必要がある。

　3）「直系尊属から教育資金の一括贈与を受けた場合の贈与税の非課税の特例」において、贈与者であるAさんが死亡した場合、死亡日における非課税拠出額から教育資金支出額を控除した残額があっても、その残額は受贈者である孫Gさんが相続または遺贈により取得したものとみなされないため、相続税の課税価格に加算されることはない。

《問2》直系尊属からの住宅取得等資金の贈与税の非課税の特例（以下、「本特例」という）に関する次の記述のうち、適切なものをすべて選びなさい。

　1）2024年中にAさんが長女Cさんに対し住宅購入費用の贈与を行う場合、本特例の非課税限度額は、省エネ等住宅で1,000万円、それ以外の住宅で500万円となる。

　2）本特例は、住宅の新築や取得、増改築のための資金の贈与の場合に適用され、既存住宅の贈与を受けた場合や住宅ローン返済資金の贈与を受けた場合は適用されない。

　3）本特例は、暦年課税の基礎控除と併用して利用することができるが、相続開始前3年以内の贈与となるときは、相続税の課税価格に加算される。

・解説と解答・

《問1》

　1）適切である。例えば、相続税の実効税率が30％の資産家が贈与税の税率10％で生前贈与を行うことにより節税が可能となる。相続税・贈与税の税率は超過累進税率となっているため、相続税の限界税率を意識して生前贈与をすることも有効である。なお、相続開始前7年以内（2023年12月31日以前に贈与された財産については3年以内）の贈与財産の持ち戻しには注意する必要がある。

　2）適切である。孫への贈与は、いわゆる"一代とばし"の効果がある。

　3）不適切である。教育資金管理契約の終了日までに贈与者が死亡した場合に

は、受贈者が23歳未満である場合など一定の場合を除き、死亡日時点の管理残額を受贈者が贈与者から相続または遺贈により取得したものとみなされ、贈与者の死亡に係る相続税の課税価格に加算される。なお、2023年度税制改正により、2023年4月1日以後に発生した教育資金の一括贈与については、受贈者が23歳未満である場合などであっても、贈与者の死亡に係る相続税の課税価格の合計額が5億円を超えるときは、受贈者がその贈与者から相続または遺贈により取得したものとみなされることとなった。

なお、「直系尊属から結婚・子育て資金の一括贈与を受けた場合の贈与税の非課税の特例」において、結婚・子育て資金管理契約の終了日までに贈与者が死亡した場合、当該死亡の日における非課税拠出額から結婚・子育て資金支出額を控除した残額については、受贈者が贈与者から相続または遺贈により取得したものとみなされ、贈与者の死亡に係る相続税の課税価格に加算される。

正解　1)・2)

《問2》

1）適切である。

＜住宅取得等資金の贈与に係る非課税限度額＞

贈与の時期	省エネ等住宅	左記以外の住宅
2024年1月～2026年12月	1,000万円	500万円

※2024年度税制改正において、住宅取得等資金の贈与税の非課税措置が延長されるとともに、2024年1月以後に住宅取得等資金の贈与を受けて新築または建築後使用されたことのない省エネ等住宅を取得する場合の要件が厳しくなり、「断熱等性能等級5以上かつ1次エネルギー消費量等級6以上」に見直された（2023年以前は「断熱等性能等級4以上または1次エネルギー消費量等級4以上」が要件）。ただし、当該家屋が一定の期間内に建築確認を受けた住宅または建築された住宅であれば、旧要件が適用されることとなる。

2）適切である。

3）不適切である。暦年課税との併用は可能であるが、住宅取得等資金の非課税金額を相続税の課税価格に加算する必要はない。なお、相続開始直前に適用を受けて贈与することも可能である。

正解　1)・2)

6－22　生前贈与②

【問】次の設例に基づいて、下記の各問に答えなさい。

　　Aさん（75歳）の親族関係図および家族の状況は、以下のとおりである。資産家であるAさんは、相続対策を兼ねて、生前に資産を移転させたいと検討している。

＜親族関係図＞

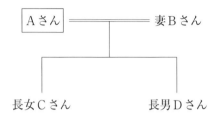

＜Aさんの家族の状況＞
①妻Bさん（70歳）

　　専業主婦。Aさんと同居している自宅を生前に贈与することを検討している。

②長女Cさん（42歳）

　　地元企業に勤務する会社員。Aさん夫妻と同居しており、Aさんが個人で経営している不動産賃貸業を引き継がせる予定である。

《問1》妻Bさんに対する贈与に関する次の記述のうち、適切なものをすべて選びなさい。

1）妻BさんがAさんから居住用不動産の贈与を受けた場合、所定の要件を満たせば、贈与税の配偶者控除の適用を受けることができるが、登録免許税、不動産取得税、司法書士等への報酬など、相当額のコストが発生することに留意しなければならない。

2）妻BさんはAさんの相続時において、「小規模宅地等についての相続税の課税価格の計算の特例」および「配偶者に対する相続税額の軽減」の適用を受けることができるため、生前に自宅を贈与することの有用性を考えなければならない。

3）贈与税の配偶者控除の適用を受けて、妻BさんがAさんから居住用不動産の土地・建物ともに2分の1の持分の贈与を受け、その後、

　　仮に当該不動産を譲渡した場合、Aさんおよび妻Bさんともに「居住用財産を譲渡した場合の3,000万円の特別控除の特例」の適用を受けられるため、併せて最高6,000万円の控除ができる。

《問2》 長女Cさんに対する贈与に関する次の記述のうち、適切なものをすべて選びなさい。
　1）Aさんが、生前に収益不動産を長女Cさんに贈与し、長女Cさんが収益不動産の収入を受け取ることで、Aさんの相続財産の増加を抑制し、長女Cさんの納税資金準備を図ることができる。
　2）相続時精算課税制度により贈与を受けた宅地は、相続時に「小規模宅地等についての相続税の課税価格の計算の特例」の適用を受けることができない点に留意する必要がある。
　3）相続時精算課税制度を活用して贈与した財産は、贈与者の相続開始時には贈与時における相続税評価額が相続税の課税価格に加算されるため、贈与者に係る相続開始時に値上がりが見込める資産でなければ、活用するメリットはない。

・解説と解答・

《問1》
1）適切である。移転コストを考慮する必要がある。相続財産が少ない場合（相続時に相続税が課せられない場合など）、妻Bさんに贈与することのメリットは少ない。
2）適切である。
3）適切である。「居住用財産を譲渡した場合の3,000万円の特別控除の特例」の適用要件に、所有期間の長短に関する要件はない。つまり、多額の譲渡益が発生することが予定されている場合は、夫が妻にあらかじめ土地・建物の持ち分を贈与し、夫婦共有の居住用不動産を譲渡すれば、併せて6,000万円の特別控除の適用を受けることができる。ただし、贈与税の配偶者控除の適用要件では、「贈与を受けた年の翌年の3月15日までに受贈者の居住の用に供し、かつ、その後も引き続いて居住の用に供する見込み」であることとされており、適用後にすぐに譲渡した場合は、贈与税の配偶者控除の適用を受けられなくなる可能性がある。

<u>正解　　1）・2）・3）</u>

《問 2 》

1 ）適切である。優良な賃貸物件を複数所有し、相続税額が多額となる資産家で、相続時精算課税制度を選択する場合は、特別控除額を超える額の収益物件を贈与し、賃貸収入を移転することを検討したい。この場合、贈与税の負担軽減のため、収益物件のうち建物のみを贈与することが多い。

2 ）適切である。「小規模宅地等についての相続税の課税価格の計算の特例」が適用される財産は、個人が相続または遺贈により取得した財産に限られる。

3 ）不適切である。贈与時の相続税評価額で相続財産に持ち戻されるため、できれば値上がりが見込める不動産を贈与したほうがメリットは大きくなる。しかし、相続時精算課税制度を活用するメリットはそれだけではなく、安定的な収益をあげている物件を生前贈与することにより、収益の移転効果が得られることにもある。ただし、登録免許税・不動産取得税等の負担、相続時に「小規模宅地等についての相続税の課税価格の計算の特例」の適用を受けることができない等、デメリットもある。あくまでも総合判断で、その活用を検討したい。

正解　　1 ）・2 ）

6 −23　生前贈与③

《問》次の設例に基づいて、下記の各問に答えなさい。

　　Aさんは2024年10月に、現在Aさんと妻Bさんが居住している次の土地・建物の一部を妻Bさんに贈与した。なお、2024年中に妻Bさんには他の受贈財産はない。

区分	総面積	相続税評価額	贈与した持分
土地	500㎡	1億円	1/4
建物	200㎡	1,200万円	1/4

（注）相続税評価額は、土地および建物の全体の金額である。
　　　Aさんが土地を取得した日は、1979年11月である。
　　　Aさんが建物を取得した日は、2004年5月である。

＜贈与税の速算表（一部抜粋）＞

基礎控除後の課税価格		特例贈与財産		一般贈与財産	
		税率	控除額	税率	控除額
万円超	万円以下				
	～ 200	10%	―	10%	―
200	～ 300	15%	10万円	15%	10万円
300	～ 400	15%	10万円	20%	25万円
400	～ 600	20%	30万円	30%	65万円
600	～ 1,000	30%	90万円	40%	125万円
1,000	～ 1,500	40%	190万円	45%	175万円
1,500	～ 3,000	45%	265万円	50%	250万円

《問1》設例において、妻Bさんが居住用不動産の贈与を受けた後で、将来この土地・建物を売却するときの妻Bさんの譲渡所得の計算等に関する次の記述のうち、適切なものをすべて選びなさい。

1）贈与を受けた日から譲渡した年の1月1日現在までの期間が5年未満である場合に限って、短期譲渡となる。

2）土地・建物の取得費は贈与を受けたときの相続税評価額（ただし、建物は贈与の日以降の減価償却費相当額を控除した金額）となる。

3）Aさんと妻Bさんは、それぞれ「居住用不動産を譲渡した場合の

　　3,000万円の特別控除の特例」の適用を受けることができるので、2
　　人合わせて最高で6,000万円の控除が受けられる。
　4）居住用不動産を譲渡した場合の3,000万円特別控除の適用を受けるた
　　めに、妻Bさんが贈与を受けた直後に、この土地・建物をAさんの
　　持分と合わせて売却した場合でも、贈与税の配偶者控除の適用は受
　　けられる。

《問2》妻Bさんの2024年中の受贈財産について、贈与税の配偶者控除の適
　　　　用を受けた場合の納付すべき贈与税額として、最も適切なものを選び
　　　　なさい。
　1）　　　0円
　2）　39万円
　3）　69万円
　4）151万円

・解説と解答・

《問1》
1）不適切である。贈与により取得した財産を譲渡した場合、その譲渡所得の
　　計算上においては、贈与した人のその財産の取得日および取得費を受贈者
　　が引き継ぐ。したがって、所有期間は贈与した人がその財産を取得した日
　　を起算日として算定する。
2）不適切である。贈与により取得した財産を譲渡した場合、その譲渡所得の
　　計算上においては、贈与した人の取得費（減価償却費相当額は控除）を
　　もって受贈者の取得費とする。
3）適切である。
4）不適切である。贈与を受けた直後に土地・建物を売却した場合、贈与税の
　　配偶者控除の適用要件の1つである、「贈与の翌年の3月15日までに居住
　　用財産を受贈者の居住の用に供しており、かつ、その後も引き続き居住の
　　用に供する見込みであること」を満たしていないため、贈与税の配偶者控
　　除の適用を受けることはできない。

　　　　　　　　　　　　　　　　　　　　　　　　　　　　正解　3）

《問2》

・妻Bさんの受贈財産の価額の合計額：

　1億円×1／4＋1,200万円×1／4＝2,800万円

　贈与税の配偶者控除の控除額は2,000万円、贈与税の基礎控除額は110万円であることから、妻Bさんの贈与税の課税価格は、次のとおりである。

・妻Bさんの贈与税の課税価格：2,800万円－2,000万円－110万円＝690万円

　また、特例税率が適用されるのは、贈与を受けた年の1月1日において18歳以上の者が、直系尊属から贈与により財産を取得した場合に限られるため、本設例においては、妻Bさんの贈与税は一般税率を適用して計算する。

　したがって、

・妻Bさんの贈与税額：690万円×40％－125万円＝151万円

正解　4)

6-24　生前贈与④

【問】次の設例に基づいて、下記の各問に答えなさい。

　　地方中核都市に住むAさんの親族関係図と所有する財産は、以下の
とおりである。東京在住の長女Dさんには、私立の中高一貫校に通わ
せている子供がいるが、今年の正月に帰省した際も、教育費の負担が
重いことを嘆いていた。Aさんとしては孫の将来のために学費を支援
してあげたいと思っており、現預金の贈与を検討している。

＜Aさんの親族関係図＞

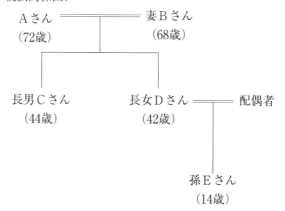

＜Aさんが所有する財産（相続税評価額）＞
　1．預貯金　　　　　　　：1億6,000万円
　2．上場株式、投資信託　：1億円
　3．自宅
　　　土地（300㎡）　　　：　　3,000万円
　　　建物　　　　　　　　：　　1,000万円
　4．賃貸アパート
　　　土地（300㎡）　　　：　　3,600万円
　　　建物　　　　　　　　：　　1,400万円
　　　合計　　　　　　　　　3億5,000万円
※土地は「小規模宅地等についての相続税の課税価格の計算の特例」の適
　用前の金額である。

《問1》2024年中にAさんが「直系尊属から教育資金の一括贈与を受けた場合の贈与税の非課税の特例」（以下、「本特例」という）を適用して孫Eさんに現金2,100万円を贈与し、孫EさんがAさんからの贈与について暦年課税を選択した場合における、孫Eさんの納付すべき贈与税額（本特例適用後）を求めなさい。なお、2024年中に孫Eさんが贈与により取得するその他の財産はないものとする。

＜贈与税の速算表（一部抜粋）＞

基礎控除後の課税価格		特例贈与財産		一般贈与財産	
		税率	控除額	税率	控除額
万円超	万円以下				
～	200	10%	―	10%	―
200 ～	300	15%	10万円	15%	10万円
300 ～	400	15%	10万円	20%	25万円
400 ～	600	20%	30万円	30%	65万円
600 ～	1,000	30%	90万円	40%	125万円
1,000 ～	1,500	40%	190万円	45%	175万円
1,500 ～	3,000	45%	265万円	50%	250万円

1) 0円
2) 68万円
3) 82万円
4) 495万5,000円

《問2》生前贈与に関する次の記述のうち、適切なものをすべて選びなさい。

1) 直系尊属から住宅取得等資金の贈与を受けた場合、当該贈与を受けた年の1月1日において、贈与者が60歳未満であっても当該資金については相続時精算課税の適用を受けることができる。

2) Aさんが孫Eさんに生前贈与することは、相続税の課税の機会が減ることを意味し、相続税額を低減する効果が期待できるが、Aさんの相続税額の計算において、相続開始前の一定期間の贈与は生前贈与加算の対象となるため、相続税の課税価格に加算する必要がある。

3) 暦年課税において、長女Dさんが取得した贈与財産の価額が基礎控

　　除額を超えるときは、原則として、贈与を受けた年の翌年 2 月16日
　　から 3 月15日までの間に、贈与税の申告書を長女Dさんの住所地の
　　所轄税務署長に提出しなければならない。

・解説と解答・

《問 1 》

　本特例においては、1,500万円までの贈与につき非課税とされ、それを超える金額が暦年贈与の課税対象となる。

・孫Eさんの暦年贈与の課税対象：2,100万円－1,500万円＝600万円

　また、特例税率が適用されるのは、贈与により財産を取得した者（贈与を受けた年の 1 月 1 日において18歳以上の者に限る）が、直系尊属から贈与により取得した財産に限られるため、本問においては、孫Eさんの贈与税は一般税率を適用して計算する。

　したがって、

・孫Eさんの贈与税の課税価格：600万円－110万円（基礎控除額）＝490万円
・孫Eさんの贈与税額：490万円×30％－65万円＝82万円

正解　　3）

《問 2 》

1 ）適切である。
2 ）不適切である。生前贈与加算の対象者は、相続または遺贈により財産を取得した人である。孫は法定相続人でないため、遺贈で財産を取得しなければ生前贈与加算の対象とはならない。
3 ）不適切である。暦年課税において、長女Dさんが取得した贈与財産の価額が基礎控除額を超えるときは、原則として、贈与を受けた年の翌年 2 月 1 日から 3 月15日までの間に、贈与税の申告書を長女Dさんの住所地の所轄税務署長に提出しなければならない。なお、所得税の確定申告の受付は 2 月16日からとなっている。

正解　　1）

6 −25 信託制度・任意後見制度の活用

【問】次の設例に基づいて、下記の各問に答えなさい。

Aさん（80歳）は、長男家族、二男と自宅で同居している（妻は10年前に亡くなっている）。二男は身体に障害があり、特別障害者の認定を受けている。Aさんは自分の死後、二男の生活援助をどうするべきか心配しており、財産管理を長男に任せて、二男が将来安心して生活できるように面倒を見てもらいたいと希望している。

なお、甲土地は駐車場として賃貸しているが、X社から甲土地を店舗敷地（事業用定期借地権方式）として貸してほしいとの申出を受けている。

＜Aさんが所有する財産（相続税評価額）＞

1．現預金　　　　　　　：　　5,000万円
2．甲土地（1,000㎡）：1億1,000万円
3．自宅（二世帯住宅）
　　①土地（330㎡）：　　3,000万円
　　②建物　　　　　　：　　4,000万円

合計　　　：2億3,000万円

※土地は「小規模宅地等についての相続税の課税価格の計算の特例」の適用前の金額である。

《問1》 Aさんに対するアドバイスとして、適切なものをすべて選びなさい。

1）「二男に対する資産承継の方法として、特定贈与信託の活用が考えられます。この信託を利用すると、6,000万円を限度として贈与税が非課税となります」

2）「遺言や生前贈与による資産承継を検討することができますが、二男が不動産を引き継いだとしても、その後の管理等ができない可能性について考えておくことも必要です」

3）「Aさん自身が認知症等になった場合、甲土地に係る契約行為が制限されるため、任意後見制度の活用が考えられます。任意後見制度を活用すると、後見人である長男が甲土地にアパート等を建築するなどの積極的な有効活用が可能となります」

《問2》 Aさんに対するアドバイスとして、適切なものをすべて選びなさい。

1）「二男の将来にわたる生活資金の確保を考えた場合、甲土地の有効活用は、リスクが少なく、安定的な収入が見込める方法が望ましいと思います。また、Aさんの死亡後に甲土地の管理等をすることになるであろう長男の負担についても配慮する必要があります」

2）「長男に甲土地を管理してもらいつつ、二男の生活援助をする方法として、民事信託（家族信託）を活用する案が考えられます。委託者および受益者をAさん、受託者を長男とし、甲土地を信託すれば、信託の目的の範囲内で甲土地の管理等ができます。Aさんの死亡後は、二男が受益権を取得する仕組みを設定することで、Aさんの生前に二男の生活援助について道筋をつけることができます」

3）「民事信託（家族信託）のスキームを活用すれば、甲土地の所有権が委託者および受益者であるAさんから受託者である長男に移転するため、多額の贈与税が課せられる可能性があります」

・解説と解答・

《問1》

1）適切である。特定贈与信託は、障害者の生活の安定を図ることを目的に、その親族等（委託者）が金銭や有価証券などの財産を信託銀行等（受託者）に信託するものである。信託銀行等は信託された財産を管理・運用し、特別障害者（受益者）の生活費や医療費として定期的に金銭を交付する。この信託を利用すると相続税法の「特別障害者に対する贈与税の非課税制度」により6,000万円（特別障害者に該当しない特定障害者の場合は3,000万円）を限度として贈与税が非課税となる。

2）適切である。

3）不適切である。任意後見制度の活用は、Aさんが認知症等により判断能力が不十分となった場合の、①資産管理、②生活支援という観点からは有効である。しかし、任意後見人に、被後見人名義の不動産の処分権限が与えられている場合であっても、不動産の処分に被後見人の生活を守るために必要不可欠な場合などの合理性が認められていなければ、後見人の解任や不動産の処分の無効等につながるおそれがある。したがって、甲土地にアパート等を建築するなどの有効活用は困難になる。

正解　　1）・2）

《問2》

1) 適切である。事業用地として土地を活用する方法には、事業者に土地を貸し出し、事業者が当該土地上に事業用設備投資を行う「事業用定期借地方式」、土地所有者が事業用設備投資を行い、事業者に土地と当該設備を貸し出す「リースバック方式」、土地所有者が経営主体となって事業用設備投資や事業の運営を行い、最低限の業務を事業者に委託する「業務委託方式」などがある。本設例においては、甲土地の収益性やX社の信用度にもよるが、長男に生じる不動産管理や借入金等の負担を軽減したい場合、事業用定期借地権方式が最も適切と考えられる。

2) 適切である。

3) 不適切である。信託により、形式的に所有権は受託者に移転（登記簿上の甲区において、信託を原因とする所有権移転登記がなされる）するが、受益者は受託者に対して信託財産の引渡し等を求める権利（受益権）を有しているため、実質的な所有権は受益者が有することになる。贈与税が課せられることはない。なお、仮に「委託者≠受益者」とする民事信託（家族信託）契約が成立した場合は、委託者から受益者に贈与が行われたと扱われ、贈与税が課せられるため、注意が必要である。

__正解　　1)・2)__

6−26　事業の承継①

=《設　例》=

【問】次の設例に基づいて、下記の各問に答えなさい。

　非上場会社であるX株式会社（以下、「X社」という）の代表取締役社長であるAさん（73歳）は、X社の専務取締役である長男Cさんに、所有するX社株式を贈与して事業を承継する予定である。X社の概要は、以下のとおりである。

＜X社の概要＞

(1)　業種　自動車部品製造業

(2)　資本金等の額　3,000万円（発行済株式総数600,000株、すべて普通株式で1株につき1個の議決権を有している）

(3)　株主構成
- ・Aさん　　　400,000株
- ・妻Bさん　　 50,000株（妻Bさんは、X社の代表権を有したことがない）
- ・長男Cさん　100,000株
- ・長女Dさん　 50,000株
  - 計　　　 600,000株

(4)　株式の譲渡制限　あり

(5)　従業員数　30人

　　※X社の財産評価基本通達上の会社規模は「中会社の大」であり、特定の評価会社には該当しない。

(6)　X社および類似業種の比準要素等

比準要素	X社	類似業種
1株（50円）当たりの年配当金額	5.0円	8.0円
1株（50円）当たりの年利益金額	50円	30円
1株（50円）当たりの簿価純資産価額	600円	400円

　　※すべて1株当たりの資本金等の額を50円とした場合の金額である。

- ・類似業種の1株（50円）当たりの株価の状況
  - 課税時期の属する月の平均株価　　　　　 230円
  - 課税時期の属する月の前月の平均株価　　 240円
  - 課税時期の属する月の前々月の平均株価　 245円

課税時期の前年の平均株価　　　　　　　200円
課税時期の属する月以前2年間の平均株価　210円
(7)　X社株式の純資産価額方式による1株当たりの評価額　800円

《問1》　X社株式の1株当たりの「類似業種比準価額」として、最も適切なものを選びなさい。なお、1株当たりの類似業種比準価額の計算にあたっては、各要素別比準割合および比準割合は小数点以下第2位未満を、1株当たり資本金等の額50円当たりの類似業種比準価額は10銭未満を、1株当たりの類似業種比準価額は円未満を、それぞれ切り捨てること。問題の性質上、明らかにできない部分は「□□□」で示してある。

＜計算式＞
・類似業種比準価額

$$(\square\square\square)\text{円} \times \dfrac{\dfrac{5.0\text{円}}{8.0\text{円}} + \dfrac{50\text{円}}{30\text{円}} + \dfrac{600\text{円}}{400\text{円}}}{(\square\square\square)} \times (\square\square\square) \times \dfrac{50\text{円}}{50\text{円}} = \square\square\square\text{円}$$

1）　84円
2）　151円
3）　176円
4）　185円

《問2》　「非上場株式等についての贈与税・相続税の納税猶予・免除」（以下、「法人版事業承継税制」という）の特例措置に関する次の記述のうち、適切なものをすべて選びなさい。

1）　後継者が先代経営者から自社株式の贈与を受ける場合、法人版事業承継税制の特例措置を適用することにより、一定の要件を満たしたうえで、翌年の贈与税申告により、その自社株式に係る贈与税は免除される。

2）　後継者が先代経営者から法人版事業承継税制の特例措置により自社株式の贈与を受ける場合には、事前に「都道府県知事の円滑化法（中小企業における経営の承継の円滑化に関する法律）の認定」を受ける必要がある。

3）　法人版事業承継税制の特例措置では、対象となる株式は100％（全株式）、かつ納税猶予割合も100％となっている。

・解説と解答・

《問1》

・X社1株当たりの類似業種比準価額

$$
(\ 200\ )円 \times \frac{\dfrac{5.0円}{8.0円}+\dfrac{50円}{30円}+\dfrac{600円}{400円}}{(\ 3\ )} \times (\ 0.6\ ) \times \frac{50円}{50円}
$$

$$
=200円 \times \frac{0.62+1.66+1.50}{3} \times 0.6 \times 1
$$

$$
=200円 \times 1.26 \times 0.6 \times 1
$$

$$
=151.2円　\rightarrow　151円
$$

（4-20　自社株の評価①解説も合わせて参照）

正解　　2)

《問2》

1）不適切である。後継者が先代経営者から自社株式の贈与を受ける場合、法人版事業承継税制の特例措置を適用することにより、その自社株式に係る贈与税は納税が（免除されるのではなく）猶予される。

2）不適切である。後継者が先代経営者から法人版事業承継税制の特例措置により自社株式の贈与を受ける場合には、事前に、会社の後継者や承継時までの経営見通し等を記載した「特例承継計画」を都道府県知事に提出し、その確認を受ける必要がある。

3）適切である。法人版事業承継税制の一般措置では、対象株数が「総株式数の最大3分の2まで」、納税猶予割合が「贈与100％、相続80％」という制限があったが、特例措置によりその制限が撤廃された。

正解　　3)

　法人版事業承継税制は、後継者である受贈者・相続人等が、円滑化法の認定を受けている非上場会社の株式等を贈与または相続等により取得した場合において、その非上場会社等に係る贈与税・相続税について、一定の要件のもと、その納税を猶予し、後継者の死亡等により、納税が猶予されている贈与税・相続税の納付が免除される制度である。

　2018年度税制改正では、これまでの一般措置に加えて、10年間（非上場株式等の贈与・相続の期限：2027年12月31日）の措置として、納税猶予の対象とな

る非上場株式等の制限（総株式数の３分の２まで）の撤廃や、納税猶予割合の引き上げ（80％から100％）等がされた特例措置が創設された。

　また、2024年度税制改正では、特例措置の適用を受ける際に必要となる「特例承継計画」の提出期限が2026年３月31日まで延長されている。

＜一般措置と特例措置の比較＞

一般措置	主な改正項目	特例措置
発行済議決権株式総数の３分の２	猶予対象株式の制限 納税猶予割合	撤廃（100％対象）
相続税の納税猶予割合80％まで		100％猶予対象（贈与税は従前より100％）
代表権を有していた者	贈与者・被相続人	代表権を有していた者以外も対象
同族関係者で過半数の議決権を有する者１人	後継者	最大３人まで（代表権を有し、総議決権数10％以上有する者のみ）
直系卑属である推定相続人または孫	相続時精算課税の適用範囲	直系卑属である推定相続人または孫以外の後継者でも可
承継後５年間は平均８割の雇用維持	雇用確保要件	要件緩和（実質的に撤廃）
法的な倒産・民事再生災害時に限定	経営環境の変化に対応した減免制度	譲渡・合併・解散時を追加

＜贈与（特例措置）の場合の手続きの流れ＞

１．特例承継計画の提出・確認

　会社の後継者や承継時までの経営見通し等を記載した「特例承継計画」を策定し、認定経営革新等支援機関の所見を記載のうえ、2026年３月31日までに都道府県知事に提出し、その確認を受ける。

２．贈与の実行

３．都道府県知事の「円滑化法の認定」

　会社の要件、後継者（受贈者）の要件、先代経営者等（贈与者）の要件を満たしていることについての都道府県知事の「円滑化法（中小企業における経営の承継の円滑化に関する法律）の認定」を受ける。

４．贈与税の申告

　贈与税の申告期限（贈与を受けた年の翌年の２月１日から３月15日まで）までに、この制度の適用を受ける旨を記載した贈与税の申告書および一定の書類を税務署へ提出するとともに、納税が猶予される贈与税額および利子税の額に見合う担保を提供する。

５．継続届出書の提出

　引き続きこの制度の適用を受けるためには「継続届出書」に一定の書類を添付して所轄の税務署へ提出する必要がある（別途、都道府県知事に対しても一定の書類を提出する必要がある）。

　なお、この制度の適用を受けた非上場株式等を譲渡するなど一定の場合（確定事由）には、納税が猶予されている贈与税の全部または一部について利子税と併せて納付する必要がある。

６．先代経営者等（贈与者）の死亡

　先代経営者等（贈与者）の死亡等があった場合には、「免除届出書」「免除申請書」を提出することにより、その死亡等のあったときの猶予贈与税が免除される。

　この場合、贈与税の納税猶予を受けてきた非上場株式等は、相続または遺贈により取得したものとみなして、贈与の時の価額により他の相続財産と合算して相続税を計算する。

　その非上場株式等は、あらためて法人版事業承継税制（相続税）の適用により、相続税の納税猶予を受けることができる。

6－27 事業の承継②

━━━━━《設　例》━━━━━

【問】次の設例に基づいて、下記の各問に答えなさい。

　　非上場会社であるＸ株式会社（以下、「Ｘ社」という）の代表取締役社長であるＡさん（70歳）は、Ｘ社の常務取締役である長男Ｃさんに、所有するＸ社株式を贈与して事業を承継する予定である。Ｘ社の概要は、以下のとおりである。

＜Ｘ社の概要＞

(1) 業種　飲食料品卸売業

(2) 資本金等の額　2,000万円（発行済株式総数400,000株、すべて普通株式で１株につき１個の議決権を有している）

(3) 株主構成
　　・Ａさん　　　　300,000株
　　・妻Ｂさん　　　 30,000株（妻Ｂさんは、Ｘ社の代表権を有したことがない）
　　・長男Ｃさん　　 50,000株
　　・長女Ｄさん　　 10,000株
　　・二女Ｅさん　　 10,000株
　　　　　計　　　　400,000株

(4) 株式の譲渡制限　あり

(5) 従業員数　20人
　　※Ｘ社の財産評価基本通達上の会社規模は「中会社の中」であり、特定の評価会社には該当しない。

(6) Ｘ社および類似業種の比準要素等

比準要素	Ｘ社	類似業種
１株（50円）当たりの年配当金額	4.0円	3.0円
１株（50円）当たりの年利益金額	50円	20円
１株（50円）当たりの簿価純資産価額	350円	250円

　　※すべて１株当たりの資本金等の額を50円とした場合の金額である。

・類似業種の１株（50円）当たりの株価の状況
　　課税時期の属する月の平均株価　　　　　　200円
　　課税時期の属する月の前月の平均株価　　　210円

課税時期の属する月の前々月の平均株価　　215円

課税時期の前年の平均株価　　　　　　　　205円

課税時期の属する月以前 2 年間の平均株価　208円

(7)　X社株式の純資産価額方式による 1 株当たりの評価額　400円

《問 1 》 X社株式の 1 株当たりの「類似業種比準価額」として、最も適切なものを選びなさい。なお、 1 株当たりの類似業種比準価額の計算にあたっては、各要素別比準割合および比準割合は小数点以下第 2 位未満を、 1 株当たり資本金等の額50円当たりの類似業種比準価額は10銭未満を、 1 株当たりの類似業種比準価額は円未満を、それぞれ切り捨てること。問題の性質上、明らかにできない部分は「□□□」で示してある。

<計算式>

・類似業種比準価額

$$（□□□）円 \times \dfrac{\dfrac{4.0円}{3.0円}+\dfrac{50円}{20円}+\dfrac{350円}{250円}}{（□□□）} \times （□□□） \times \dfrac{50円}{50円} = □□□円$$

1)　 84円
2)　174円
3)　208円
4)　224円

《問 2 》 X社による自己株式の取得（金庫株）に関する次の記述のうち、適切なものをすべて選びなさい。

1) 会社法上、自己株式の取得については財源規制があり、 X社がAさんから自己株式を取得する場合は、 X社の資本金等の額を超えることができない。

2) AさんがX社株式をX社に譲渡した場合、その譲渡対価のうち、 X社の資本金等の額を超える金額は、みなし配当として総合課税の対象となる。

3) Aさんに相続が発生した後、長男Cさんが相続により取得したX社株式をX社に対して譲渡した場合、一定の要件を満たせば、その譲渡対価のうち、 X社の資本等の額を超える部分の金額は譲渡所得となる。

212

・解説と解答 ・

《問1》

・X社1株当たりの類似業種比準価額

$$（\ 200\ ）\text{円} \times \frac{\dfrac{4.0\text{円}}{3.0\text{円}} + \dfrac{50\text{円}}{20\text{円}} + \dfrac{350\text{円}}{250\text{円}}}{（\ 3\ ）} \times （\ 0.6\ ） \times \frac{50\text{円}}{50\text{円}}$$

$$= 200\text{円} \times \frac{1.33 + 2.50 + 1.40}{3} \times 0.6 \times 1$$

$$= 200\text{円} \times 1.74 \times 0.6 \times 1$$

$$= 208.8\text{円} \quad \rightarrow \quad 208\text{円}$$

（4 - 20　自社株の評価①解説も合わせて参照）

正解　　3)

《問2》

1）不適切である。会社法上、自己株式の取得については財源規制があり、分配可能額を超えない範囲で自己株式の買取りが可能である。

2）適切である。

3）適切である。

正解　　2)・3)

＜参考＞自己株式の取得（金庫株）について

1. 自己株式の取得の財源規制

会社法上、自己株式の取得については財源規制があり、分配可能額の範囲で自己株式の買取りが可能である。

分配可能額は、大まかには、株式会社の最終の貸借対照表の純資産の部に計上されている、その他資本剰余金の額とその他利益剰余金の額の合計額から、自己株式の帳簿価額および当期に既に分配した価額を控除した金額となる。

＜分配可能額のイメージ図＞

網掛け部分が分配可能額

資産	負債	
	純資産	資本金・準備金
		その他資本剰余金
		その他利益剰余金
		▲自己株式

2. 個人が株式を発行会社に譲渡した場合の課税関係

(1) 原則的な取り扱い

個人が発行会社に対する株式の譲渡対価として取得した金銭等のうち、その譲渡株式に対応する発行会社の資本金等の額を超える額は、みなし配当として配当所得の金額の収入金額とされ、総合課税の対象となる。この場合、他の所得と合算され最高55.945％（所得税＋復興特別所得税＋住民税）の税率で課税される。

また、譲渡対価からみなし配当を控除した残額は譲渡所得の金額の総収入金額となり、譲渡所得の対象とされ、他の所得とは分離して20.315％（所得税＋復興特別所得税＋住民税）の税率で課税される。

(2) 相続により取得した株式を発行会社へ譲渡した場合の個人株主の課税関係

相続または遺贈により非上場株式を取得した個人のうち、その相続または遺贈につき納付すべき相続税額がある者が、その相続の開始があった日の翌日から相続税の申告書の提出期限の翌日以後3年を経過する日までの間に、その相続税額に係る課税価格の計算の基礎に算入された非上場株式をその発行会社に譲渡した場合は、一定の手続の下で、みなし配当課税を行わず、全額が株式に係る譲渡所得として課税される。

この特例により、みなし配当として超過累進税率が適用される総合課税に比較して、一般的には税負担は軽くなる。

⑶　相続税額の取得費加算

　　相続または遺贈により取得した株式を、相続開始のあった日の翌日から相続税の申告書の提出期限の翌日以後３年以内に譲渡した場合には、取得費に次の算式により計算した金額が加算される。

$$\text{株式を譲渡した個人の確定相続税額} \times \frac{\text{相続税の課税価格計算の基礎に算入された譲渡株式の相続税評価額}}{\text{株式を譲渡した個人の相続税の課税価格}}$$

　　これにより、取得費に加算された金額だけ譲渡所得の金額が少なくなり、税負担が軽減される。

　　なお、この特例は⑵のみなし配当課税の特例と併用できる。

2024年度　金融業務能力検定・サステナビリティ検定

等級	試験種目		受験予約開始日	配信開始日（通年実施）	受験手数料（税込）
IV	金融業務4級　実務コース		受付中	配信中	4,400 円
III	金融業務3級　預金コース		受付中	配信中	5,500 円
	金融業務3級　融資コース		受付中	配信中	5,500 円
	金融業務3級　法務コース		受付中	配信中	5,500 円
	金融業務3級　財務コース		受付中	配信中	5,500 円
	金融業務3級　税務コース		受付中	配信中	5,500 円
	金融業務3級　事業性評価コース		受付中	配信中	5,500 円
	金融業務3級　事業承継・M＆Aコース		受付中	配信中	5,500 円
	金融業務3級　リース取引コース		受付中	配信中	5,500 円
	金融業務3級　DX（デジタルトランスフォーメーション）コース		受付中	配信中	5,500 円
	金融業務3級　シニアライフ・相続コース		受付中	配信中	5,500 円
	金融業務3級　個人型DC（iDeCo）コース		受付中	配信中	5,500 円
	金融業務3級　シニア対応銀行実務コース		受付中	配信中	5,500 円
	金融業務3級　顧客本位の業務運営コース		受付中	配信中	5,500 円
II	金融業務2級　預金コース		受付中	配信中	7,700 円
	金融業務2級　融資コース		受付中	配信中	7,700 円
	金融業務2級　法務コース		受付中	配信中	7,700 円
	金融業務2級　財務コース		受付中	配信中	7,700 円
	金融業務2級　税務コース		受付中	配信中	7,700 円
	金融業務2級　事業再生コース		受付中	配信中	11,000 円
	金融業務2級　事業承継・M＆Aコース		受付中	配信中	7,700 円
	金融業務2級　資産承継コース		受付中	配信中	7,700 円
	金融業務2級　ポートフォリオ・コンサルティングコース		受付中	配信中	7,700 円
	DCプランナー2級		受付中	配信中	7,700 円
I	DCプランナー1級（※）	A分野（年金・退職給付制度等）	受付中	配信中	5,500 円
		B分野（確定拠出年金制度）	受付中	配信中	5,500 円
		C分野（老後資産形成マネジメント）	受付中	配信中	5,500 円
－	コンプライアンス・オフィサー・銀行コース		受付中	配信中	5,500 円
	コンプライアンス・オフィサー・生命保険コース		受付中	配信中	5,500 円
	個人情報保護オフィサー・銀行コース		受付中	配信中	5,500 円
	個人情報保護オフィサー・生命保険コース		受付中	配信中	5,500 円
	マイナンバー保護オフィサー		受付中	配信中	5,500 円
	AML／CFTスタンダードコース		受付中	配信中	5,500 円
	SDGs・ESGベーシック		受付中	配信中	4,400 円
	サステナビリティ・オフィサー		受付中	配信中	6,050 円

※ DCプランナー1級は、A分野・B分野・C分野の3つの試験すべてに合格した時点で、DCプランナー1級の合格者となります。

2024年度版
金融業務2級　資産承継コース試験問題集

2024年6月6日　第1刷発行

編　者　一般社団法人　金融財政事情研究会
検定センター
発行者　　　　　　　　　加藤　一浩

〒160-8519　東京都新宿区南元町19
発　行　所　一般社団法人 金融財政事情研究会
販 売 受 付　TEL 03(3358)2891　FAX 03(3358)0037
URL https://www.kinzai.jp

本書の内容に関するお問合せは、書籍名およびご連絡先を明記のう
え、FAXでお願いいたします。　　お問合せ先FAX　03(3359)3343
本書に訂正等がある場合には、下記ウェブサイトに掲載いたします。
https://www.kinzai.jp/seigo/

ISBN978-4-322-14532-8